SUMARIO DE
DOCTRINA CRISTIANA
ORTODOXA

BÍBLICA
HISTÓRICA
BAUTISTA

JUAN C. DE LA CRUZ

Sumario de Doctrina Cristiana Ortodoxa
© 2018. Juan C. de la Cruz

Revisión gramatical y de Estilo: María Ramona Fernández

Diseño de portada: Anthony Casanova

ISBN: 9781799105626

Tercera edición ampliada, octubre del 2019.

Publicado por **Editorial Proclama**.
Av. Abraham Lincoln No. 617, Plaza Castilla,
3er nivel, local 4t-2. Santo Domingo, R.D. 10148
E-mail: editorialproclama@outlook.com
Tels.: (809) 209-6133

CONTENIDO

DEDICATORIA 9
PRÓLOGO 11
INTRODUCCIÓN 13
BREVE HISTORIA DE LAS CONFESIONES CRISTIANAS 17
    LA ÉPOCA PATRÍSTICA Y CONCILIAR 17
    LA ÉPOCA PRE-REFORMADA 22
    LA ÉPOCA REFORMADA 22
    LOS BAUTISTAS 24
    LOS NULOS ESFUERZOS CONFESIONALES EN EL MUNDO HISPANO 25
    ALGUNAS LECCIONES DEL CONFESIONALISMO 28
POR QUÉ ES SALUDABLE TENER UN ARTÍCULO DE FE EN LA IGLESIA 30
    LAS DOCTRINAS BÁSICAS DE LA FE CRISTIANA 33
RESUMEN 33
    COMO DEBE LUCIR UN CREDO BAUTISTA ORTODOXO ... 37
    LA DOCTRINA DE DIOS 39
        La naturaleza divina 40
        El carácter de Dios 40
        La creación de Dios 41
        La obra de redención de Dios, una obra de gracia 41
        Los juicios de Dios como retribución a sus criaturas morales 42
        La Santísima Trinidad 42
        Dios el Padre 43
        Dios el Hijo 43

SUMARIO DE "DOCTRINA CRISTIANA ORTODOXA"

    Dios el Espíritu Santo 43

    La Gloria de Dios 44

LA OBRA DE LA CREACIÓN DE DIOS 47

    Las criaturas racionales de Dios 47

    El plan de redención 48

    El propósito de Dios al crear 48

EL SER HUMANO 49

    La concepción y la vida 50

LA BIBLIA Y SU INTERPRETACIÓN 52

EL MENSAJE DEL EVANGELIO 54

LA GRACIA Y EL PROPÓSITO DE DIOS 55

LA SAVACIÓN (SOTERIOLOGÍA) 57

    ¿Cómo acontece la salvación en el pecador? 59

    La expiación 62

    La redención 63

    La regeneración o nuevo nacimiento 63

    El llamamiento Eficaz 66

    El arrepentimiento 67

    La justificación 68

    La adopción 70

    La santificación 72

    La glorificación 73

    La perseverancia de los santos 74

    El número de los redimidos 75

    La procedencia y la longevidad de la gracia de la salvación 76

LA FE SALVADORA 79

Contenido

LA FE Y LA SALVACIÓN 83
LA LEY DE DIOS 88
EL AMOR Y SUS OBRAS 90
LAS BUENAS OBRAS 93
EL MINISTERIO DE LA PALABRA 94
    La predicación y la enseñanza 94
    La evangelización y las misiones 95
EL MATRIMONIO 97
    El divorcio no es la voluntad de Dios 98
    Segundas nupcias 98
LA FAMILIA 101
LAS RELACIONES ÍNTIMAS 102
LA IGLESIA DE DIOS 103
LA PRÁCTICA DE LOS MINISTERIOS EN LA IGLESIA 106
LAS ORDENANZAS CRISTIANAS 108
    El Bautismo bíblico 108
    La Cena del Señor o Santa Comunión 109
LA ADORACIÓN A DIOS 110
    La adoración pública 110
    La adoración privada 112
MINISTROS Y OFICIALES DE LA IGLESIA 113
REQUISITOS PARA SER UN MINISTRO CRISTIANO 114
MINISTERIOS PARA-ECLASIÁSTICOS 116
LAS PROHIBICCIONES A LOS SANTOS 117
LA DISCIPLINA CRISTIANA 118
LOS SERVICIOS, LA IGLESIA Y LA CULTURA 120

SUMARIO DE "DOCTRINA CRISTIANA ORTODOXA"

LA ADMINISTRACIÓN Y USO DE LOS RECURSOS NATURALES 121

LAS RESPONSABILIDADES SOCIALES DE LA IGLESIA Y LOS CREYENTES 123

EL TRABAJO Y LOS ESTUDIOS 124

EL REINO DE LOS ESPÍRITUS (LOS ÁNGELES) 126

    Los ángeles santos (o escogidos) 127

    Los demonios 128

    Satanás 129

    El creyente frente a las fuerzas del mal 131

EL FIN DE LA PRESENTE ERA (ESCATOLOGÍA) 133

LAS ASÍ DENOMINADAS: CINCO (5) SOLAS DE LA REFORMA 139

LA CONFESIÓN ANABAUTISTA DE SCHLEITHEIM (DE 1527) 147

    LOS SIETE ARTÍCULOS 148

LOS CINCO (5) PUNTOS DEL CALVNISMO SEGÚN "LOS CÁNONES DE DORT" (DE 1619) 159

    CAPÍTULO PRIMERO: DE LA DOCTRINA DE LA DIVINA ELECCIÓN Y REPROBACIÓN 159

    CONDENA DE LOS ERRORES POR LOS QUE LAS IGLESIAS DE LOS PAÍSES BAJOS FUERON PERTURBADAS DURANTE ALGÚN TIEMPO 165

    CAPÍTULO SEGUNDO: DE LA DOCTRINA DE LA MUERTE DE CRISTO Y DE LA REDENCIÓN DE LOS HOMBRES POR ÉSTE 169

    REPROBACIÓN DE LOS ERRORES 171

    CAPÍTULOS TERCERO Y CUARTO: DE LA DEPRAVACIÓN DEL HOMBRE, DE SU CONVERSIÓN A DIOS Y DE LA MANERA DE REALIZARSE ESTA ÚLTIMA 174

Contenido

REPROBACIÓN DE LOS ERRORES 179
CAPÍTULO QUINTO: DE LA PERSEVERANCIA DE
LOS SANTOS 183
REPROBACIÓN DE LOS ERRORES 187
CONCLUSIÓN 191

DISTINTIVOS Y PRINCIPIOS BAUTISTAS HISTÓRICOS 195

UN SUMARIO DE LA DISCIPLINA 207

DE LA IGLESIA 207

PREFACIO 209

CAPÍTULO I
De una Iglesia del Evangelio Verdadera y Ordenada 211

CAPÍTULO II
De los oficiales de la iglesia 215

CAPÍTULO III
De recibir personas a la membresía de la iglesia 219

CAPÍTULO IV
De los deberes que incumben a los miembros de la Iglesia 225

CAPÍTULO V
De las Censuras de la Iglesia 229

CAPÍTULO VI
De la Asociación de las Iglesias 238

**EL EXTRACTO DE LOS PRINCIPIOS
(*THE ABSTRACT OF RPINCIPLES*)** 243

LAS CONFESIONES BAUTISTAS MÁS SOBRESALIENTES ... 249

OTROS DOCUMENTOS RECOMENDADOS 253

REFERENCIA BIBLIOGRÁFICA CITADA 255

DEDICATORIA

Dedicamos esta obra a la memoria de los profetas y apóstoles que pagaron un precio de sangre, con, por supuesto, Nuestro Señor Jesucristo en el pedestal más elevado.

Quisiéramos dedicar también este esfuerzo soñado por muchos años, trabajado por más de una década, y que ahora sale a la luz, a los hermanos de la Iglesia Bautista Nueva Jerusalén de Bonao, con sus pastores y diáconos. Ustedes han sido la arena del experimento, no porque inventáramos, sino porque de seguro fallamos muchas veces al blando. Pero ustedes fueron pacientes y amorosos.

Y no queremos dejar de reconocer a quienes han colaborado de forma directa e indirecta con este esfuerzo, mayormente a los hermanos que en la historia invirtieron miles de hora de reflexión y encuentros para generar cada esfuerzo confesionario anterior que nos haya servido de base junto a las Escrituras. También a los estudiantes del SBS y del SeTeBLA que fueron objeto de escrutinio, a menudo. Hacemos una mención especial a una revisión meticulosa que hiciera la Comisión Doctrinal de la Convención Bautista Dominicana (CBD) de gran parte de este set de documentos.

¡A Dios sea siempre dada toda la gloria en la iglesia, por todos los siglos!

¡Amén!

PRÓLOGO

"La Biblia es la Palabra de Dios Revelada. Es infalible, inerrante, perspicua..."

Declaraciones como esta que aquí plasmamos resultan ser el hasta de la ortodoxia cristiana en todos los tiempos.

Pero, para nadie es un secreto que en nombre de tal reclamo se han levantado miles de sectas y religiones a través de los tiempos. Incluimos entre estas: la religión musulmana, el catolicismo romano, todas las sectas y denominaciones salidas del protestantismo (mormones, testigos, adventistas, etc.), entre otras.

La causa más frecuente que ha dado paso a casi cualquier herejía salida del cristianismo fiel y verdadero, el bíblico, ha sido 'el descuido o la omisión de las confesiones cristianas consensuadas y preservadas en el crisol del tiempo'.

La primera confesión que le puso cerrojos a la puerta del alcázar de la ortodoxia cristiana fue el denominado **"Credo Apostólico"**. Luego siguieron las resoluciones conciliares ecuménicas del cristianismo universal, donde sobresalen las de los concilios de **Nicea, Constantinopla I y Calcedonia**. A seguida tenemos prácticamente un milenio donde sólo encontramos esfuerzos personales de teólogos y escolares.

Después llegó la época confesionaria del protestantismo, que si bien tuvo muchos excelentes esfuerzos (La Helvética, La Escocesa, etc.), seguían siendo esfuerzos de corte individual.

Hubo algunos esfuerzos consensuados en el siglo XVI, el de los Anabautistas de las inmediaciones germánicas. También encontramos en este tenor el Sínodo de Dort (de los reformados oficiales de Holanda). Aunque estos fueron esfuerzos conciliares, fueron por ello denominacionales al mismo tiempo.

SUMARIO DE "DOCTRINA CRISTIANA ORTODOXA"

Durante todo el siglo XVII se realizaron innumerables esfuerzos doctrinales conciliares, pero ninguna fue un consenso interdenominacional en sí misma, a excepción de la así denominada "madre de las confesiones", la **Confesión de Fe de Westminster**. De esa extraordinaria pieza de la ortodoxia surgieron otras, especialmente la Segunda Confesión Bautista de Fe de Londres de 1677 (1689). Si bien la Primera Confesión de Fe de Londres de 1644 fue dada a luz unos tres antes que se publicará el esfuerzo de Westminster.

Desde Westminster todo esfuerzo confesionario serio ha sido denominacional. Las confesiones bautistas comenzaron en la primera mitad del Siglo XVII, y desde entonces se han realizado numerosos esfuerzos, sobresaliendo entre todas la ya citada **Segunda Confesión Bautista de Fe de Londres** de 1689. Pero le han seguido otros muy buenos esfuerzos como la de **Filadelfia, New Hampshire,** el **Extracto de los Principios** y **Fe y Mensaje Bautista**.

En este tratado procuramos consensuar los mejores esfuerzos de la ortodoxia cristiana de todos los tiempos, comenzando con el **Credo Apostólico,** siguiendo por las resoluciones conciliares ecuménicas, tocando y citando **Westminster**, a **Londres** y a **Charleston**, navegando y citando los mejores esfuerzos **Reformados, Anabautistas (Menonitas)** y **Bautistas** de más renombres en la historia de las denominaciones y confesiones.

En esencia, se trata de un sumario de la Doctrina Bíblica Ortodoxa sobre el bastidor de los principios bautistas, según el análisis y el escrutinio de una serie de esfuerzos de grupos ya mencionados, así como el del escritor de este material.

¡A Dios la gloria!

Juan C. de la Cruz (PhD)

INTRODUCCIÓN

Nuestra sociedad del S. XXI es casi completamente secular, donde impera el ideal humanista del individualismo. En nuestros días, las filosofías seculares arremeten aún hasta las mismas puertas de las iglesias de Dios, por lo que necesitamos arraigarnos a las normas bíblicas de fe y práctica con conciencia y devoción, para evitar amoldarnos a este mundo malvado. (Romanos 12.1, 2). La procura de la vida cristiana ha de ser "no amar al mundo, ni las cosas que están en el mundo" (1 Juan 2.15, 16); porque: "si alguno ama al mundo, y las cosas que están en el mundo, el amor del Padre no está en él". En el sentido positivo, la procura del cristiano debe ser: Amar a Dios sobre todas las cosas, y amar aún a nuestros propios enemigos, esto es un resumen sencillo, a propósito de nuestra condición caída.

Las corrientes filosóficas contemporáneas, aún la que sustenta el posmodernismo y sus propuestas emergentes, que no son más que una secuela acumulada de la filosofía del mundo, con ciertos matices nuevos; pertenecen a ese aparataje que los escritores bíblicos llaman mundo. Por tanto, es necesario arraigarnos a la palabra de Dios que claramente establece: "El mundo pasa, y sus deseos; pero el que hace la voluntad de Dios, permanece para siempre" (1 Juan 2.17); y: "Vanidad de vanidad, dijo el predicador, todo es vanidad debajo del sol" (Eclesiastés 1.2; 12.8); así como dijo nuestro Señor: "El cielo y la tierra pasarán, pero mis palabras no pasarán" (Mateo 24.35; Marcos 13.31; Lucas 16.17; 21.23).

Los más duros y graves problemas a los que nos enfrentamos en nuestros días corresponden a las propuestas liberales y emergentes que, a la par con los movimientos filosóficos humanistas (materialismo, evolucionismo, positivismo, existencialismo, modernismo, posmodernismo, etc.), se han ido incubando y fertilizando en muchos círculos que tienen el sobrenombre de "cristianos", y que, por ser estos movimientos (más que denominaciones y sectas),

SUMARIO DE "DOCTRINA CRISTIANA ORTODOXA"

sutilmente procuran permear y corrompe la sana doctrina en la iglesia del Dios vivo, la que es conforme a las Escrituras; y por tanto, pervierten el Evangelio y la fe de mucho.

Así que las filosofías religiosas orientales en boga (Yoga, Nueva Era, Tai Chi, etc.), como también el "movimiento de la fe" y de "la súper fe", la mal llamada "iglesia emergente", y el asco denominado "evangelio de la prosperidad"; de igual modo los diferentes movimientos teológicos independientes (con sus teólogos), privados de la verdadera ortodoxia, deben ser denunciados y desechados rotundamente por los fieles cristianos (1 Juan 4.1; Salmos 15 y 24), razón por la que procuramos conformar este artículo de fe y práctica acorde a la ortodoxia cristiana de corte Bautista.

Además, creemos que los tiempos en que vivimos corresponden a "los postreros días", "los últimos tiempos" de los que habla la Biblia. (Hebreos 1.2; Judas 17, 18; 1 Juan 2.18; 1 Pedro 1.20; 2 Pedro 3.3; 1 Timoteo 4.1; 2 Timoteo 3.1; Hechos 2.16, 17; Daniel 2.28; etc.). Entendiendo a su vez, que los postreros tiempos en las Escrituras comprenden el lapso de tiempo entre la primera y la esperada segunda venida de Cristo.1 Por tanto, en lo que a nosotros concierne, estamos viviendo en los postreros días.

"Por tanto, es [absolutamente] necesario que con más diligencia atendamos a las cosas que hemos oído, no sea que naufraguemos". (Hebreos 2.1). Del mismo modo, debemos estar apegados a los mandamientos de Dios: "y mucho más cuando veamos que aquel día se acerca". (Ver Hebreos 10.23-25).

No pretendemos con este minúsculo esfuerzo dejar la impresión en los lectores que el mero hecho de saber generará cambios conductuales concretos o testimonio viviente, que es lo que a fin de cuentas los no cristianos necesitan ver en las vidas de los santos para que

---

[1] Ver Hebreos 1.1-2; 1 Timoteo 4.1; Hechos 2.16-18; Joel 2028ss; 1 Juan 2.18; Daniel 10.14.

Introducción

experimenten a Dios y glorifiquen a Nuestro Padre (ver Mateo 5.16). Pero no hay manera de que la verdad sea establecida sino es proclamada debidamente por los diversos medios de que disponemos.

Está por demás demostrado que para que la verdad comunicada tenga efectos masivos y duraderos, el medio por excelencia es la palabra escrita.

BREVE HISTORIA DE LAS CONFESIONES CRISTIANAS

LA ÉPOCA PATRÍSTICA Y CONCILIAR

La tradición de confeccionar y sistematizar los credos es de larga data en la historia del cristianismo. Uno de los primeros documentos de que se sabe con ese fin es el famoso "Credo Apostólico", que es una composición preciosa y sumariada de la fe cristiana. Reza así:

> "Creo en Dios Padre Todopoderoso, Creador del cielo y de la tierra; y en Jesucristo, su único Hijo, nuestro Señor; que fue concebido del Espíritu Santo, nació de la virgen María, padeció bajo el poder de Poncio Pilato; fue crucificado, muerto y sepultado; descendió a los infiernos2; al tercer día resucitó de entre los muertos; subió al cielo, y está sentado a la diestra de Dios Padre Todopoderoso; y desde allí vendrá al fin del mundo a juzgar a los vivos y a los muertos. Creo en el Espíritu Santo, la Santa Iglesia católica3, la comunión de los santos, el perdón de los pecados, la resurrección de la carne y la vida perdurable. Amén".

Varios otros intentos semejantes aparecen en la historia de las confesiones. Este era también el espíritu de los grandes sínodos o concilios cristianos universales, de los cuales encontramos uno en las Escrituras el de Jerusalén (Hechos 15), que se celebró a mediados del siglo primero de la Era Cristiana (aproximadamente por el año 49 d. C.). Los sínodos eran limitados en cuanto a su alcance, puesto que no intentaban definir todas las doctrinas cristianas, sino las que en el momento estuviesen en juego. Y casi todas pugnaban con algún aspecto de la doctrina de la trinidad, o de la divinidad de

---

[2] Infierno es la palabra latina para *infernum* (abajo), el lugar donde entierran a los muertos. Mitología: lugar donde habitan los espíritus de los muertos. Cristianismo: lugar de tormento de los infieles.

[3] Latinismo para universal.

SUMARIO DE "DOCTRINA CRISTIANA ORTODOXA"

Cristo, o de la salvación. El orden de los sínodos responde a la lista que sigue:

1. Concilio de *Alejandría* 321 (se condenó a Arrio y al arrianismo). Este concilio fue amplio, pero regional, no ecuménico.
2. Concilio de Nicea en el año 325 (donde se condenó el arrianismo, también se condenó allí el sabelianismo o modalismo). Se definió que Cristo es Dios, consustancial con el Padre.
3. Concilio de **Constantinopla I** en el año 381 (donde se condenó el apolinarismo). Se definió la identidad de Cristo con la humanidad y se resolvió que Jesucristo es hombre perfecto e impecable, además de completamente divino.
4. Concilio de **Cartago** en 412 (donde se condenó a Celestio, un discípulo de Pelagio de África). La controversia cristológica no era la herejía del pelagianismo. Posteriormente, Pelagio fue acusado de Hereje en los concilios de Jerusalén, Diásporas y Palestina. El pelagianismo fue condenado como herejía en los concilios de Mileve y Cartago de 416. Pelagio fue finalmente condenado como hereje en el concilio de Éfeso.[4]
5. Concilio de **Éfeso** en el año 431 (donde se condenó el nestorianismo, y se dictó una sentencia condenatoria final contra el pelagianismo5). Se definió que Jesucristo es una sola persona.
6. Concilio de Calcedonia en el año 451 (donde se condenó el eutiquianismo o monofisismo). Se afirmó que Jesucristo es una sola persona con dos naturalezas, la divina y la humana. Estas naturalezas existen en Cristo sin confusión o sin mezcla, sin cambio, sin división y sin separación.
7. Concilio de **Orange** en el 529 (donde se condenó el semipelagianismo).

---

[4] Berkhof, LouIsaías Historia de las Doctrinas Cristianas. Pág. 174.
[5] *Ibidem*.

8. Concilio de **Constantinopla II** en el año 553.
9. Concilio de **Constantinopla III** en el año 680-81 (donde se condenó el monotelismo). Se concluyó que en Jesús operan dos voluntades, la humana y la divina.

Por ejemplo, la resolución del Concilio de Nicea, donde se condenaron el ebionismo y el arrianismo, reza así:

> "Creemos en un Dios, el Padre todopoderoso, creador de todas las cosas, visibles e invisibles, y en un Señor Jesucristo, el Hijo de Dios, el Unigénito del Padre, es decir, de la substancia del Padre; Dios de Dios, luz de luz, verdadero de Dios de verdadero Dios, engendrado, no creado, consubstancial con el Padre, por quien todas las cosas fueron hechas, tanto en el cielo como en la tierra; quien por nosotros los hombres, y para nuestra salvación descendió, se encarnó, y se hizo hombre, y sufrió, y resucitó al tercer día: ascendió a los cielos y vendrá a juzgar a vivos y a muertos: Y en el Espíritu Santo. Pero la Santa Iglesia Apostólica de Dios anatemiza a los que afirman que hubo un tiempo cunado el Hijo no era, o que no era antes de ser engendrado, o que fue hecho de cosas que no existían: o que dicen, que el Hijo de Dios era de cualquier otra substancia o esencia, o creado, o sujeto a cambio o a conversión".[6]

A continuación, te mostramos un cuadro de como las herejías atacadas por la ortodoxia cristiana en los primeros cinco siglos del cristianismo pugnaba con la persona, naturaleza y obra del Señor Jesucristo.

---

[6] Carballosa, Evis Luis. La Deidad de Cristo. Págs. 18, 19. © PortaVoz, 1982.

SUMARIO DE "DOCTRINA CRISTIANA ORTODOXA"

DIVINIDAD DE CRISTO, DOCTRINA SISTEMÁTICA

PARTIDO	ÉPOCA	REFERENCIA	NAT. HUMANA	NAT. DIVINA
Docetistas[7]	Fin S. I	Juan 3.1-3	Negaba	Afirmada
Ebionitas	S. II		Afirmada	Negaba
Monarquianos[8]	S. III		Negada	Negada
Monarquianismo Modalismo[9]			Afirmada	Afirmada
Arrianos[10]	S. IV	Condenado en el Concilio De Nicea en el 325.	Afirmada	Reducida
Apolinaristas[11]	S. IV	Condenado en el Concilio de Constantinopla en el 381.	Reducida	Afirmaba

---

[7] El docetismo (del Gr. *dokeo*) que significa "dar la apariencia de algo", son una variante del gnosticismo. (Ver La Deidad de Cristo por E. L. Carballosa, págs. 16, 17).

[8] El monarquianismo fue una herejía anticristiana. Predicaba que Cristo no era Dios. Eran antitrinitarios, generalmente unitarianos. Eran básicamente ebionitas. Presentó varias facetas: teodosianos, artemistas, y el partido del más famoso entre ellos 'Pablo de Samosata'. (Para más, consulte "La Deidad de Cristo" por E. L. Carballosa. Págs. 18, 19).

[9] Los modelistas afirmaban que Cristo era Dios encarnado. Enseñaban que Cristo era meramente una manifestación (modo) de Dios. Acusaban a sus oponentes de ser triteístas. Nunca entendieron la diferencia entre persona y esencia. (Ver La Deidad de Cristo por E. L. Carballosa, págs. 20, 21).

[10] El arrianismo fue la controversia más importante y feroz. Fue la herejía que tuvo mayor número de adherentes en la historia de la controversia cristológica temprana.

[11] Los apolinaristas decían que Cristo tenía dos naturalezas, pero Apolinario decía que Cristo no tenía un espíritu humano, si bien su naturaleza y su alma si eran humanas. El apolinarismo abrió la longeva discusión en el seno de la cristiandad de la controversia de las dos naturalezas que duró tres siglos en disputa. Los capadocios (Gregorio Nacianceno, Gregorio de Nisa y Basilio el Grande) refutaron con ahínco tal herejía en su entonces. Los capadocios comprendieron que la postura de Apolinar afecta tanto a la persona como a la obra de Cristo. (Ver La Deidad de Cristo por E. L. Carballosa, págs. 25-27).

Breve Historia de las Confesiones Cristianas

Nestorianos[12]	S. V.	Condenado en el Concilio de Éfeso en el 431.	Afirmada	Afirmaba
Eutiquianos[13] **(monofisitas)**	Segunda mitad S. V.	Condenado en el Concilio de Calcedonia 451, y Constantinopla III.	Afirmada	Reducida
Monoteletista (una sola voluntad)[14]	Segunda mitad del S. VII.	Condenado en el Concilio de Constantinopla III.	Reducida	Afirmada
Ortodoxos	**Desde los apóstoles hasta hoy.**	Definida principalmente en los seis concilios ecuménicos (desde Nicea hasta Constantinopla III).	**Afirmada**	**Afirmada**

---

[12] Los nestorianos afirmaban que en Cristo había dos naturalezas. Nestorio se oponía a la expresión (*theotokos*) atribuida a María, o sea, que María era la Madre de Dios, abogando por *Christotokos* (madre de Cristo), lo cual es correcto; no supo discernir entre las dos naturalezas. Algunos creen que no fue Nestorio el hereje, sino sus posteriores seguidores. De todos modos, el nestorianismo se esparció por el oriente del imperio romano, en Egipto, la India, Persia, y aun hasta la China. Del nestorianismo surgió en el S. VIII una modificación denominada "adopcionismo". Confundían igualmente naturaleza y persona, por lo que eran dualistas y adopcionistas (por adopcionismo creían en la existencia de dos personas en Cristo). Esta modalidad fue más herética que su progenitora. Atribuyeron principio a la trinidad en la encarnación. El adopcionismo fue rechazado en los sínodos de Regensburgo (792), Fráncfort (794), Aquisgrán (799). (Ver La Deidad de Cristo por E. L. Carballosa, págs. 27-29, 36-38).

[13] Los eutiquianos (monofisitas) sostenían que Cristo tenía una naturaleza mixta, ninguna de las dos completas. Enseñaban que la naturaleza divina había absorbido la humana, y por tanto Cristo era una sola naturaleza, la divina, pues, aunque era divino-humano, la primera había absorbido la segunda.

[14] Los monoteletistas afirmaron que si bien Cristo tenía dos naturalezas (humana y divina), en realidad tenía una sola voluntad, la divina. En tal sentido, enseñaban que la voluntad humana de Cristo fue absorbida por la divina. Constantinopla III (680-681) resolutó sobre las dos voluntades de Cristo (divina y humana) sin contradicciones, sino que su voluntad humana se ajusta a la divina. La resolución fue en consonancia a la del Concilio de Calcedonia (451).

SUMARIO DE "DOCTRINA CRISTIANA ORTODOXA"

Esta tabla nos da fe de lo frecuente y activo de las herejías con las que tuvo que lidiar la iglesia de Cristo especialmente en la época patrística. Nosotros cosechamos una ortodoxia acabada, gracias a la feroz lucha y el esfuerzo constante de los santos en los primeros siglos de la iglesia de Cristo.

LA ÉPOCA PRE-REFORMADA

Del mismo modo, la era de las confesiones que corresponde a la época de la reforma protestante, surge como una necesidad nacional, y a veces denominacional, de declarar las doctrinas cristianas acorde con una tradición dada.

Hubo varios intentos excelentes en los tiempos pre-reforma, como la confesión de los Valdenses de los siglos XII al XIV, no obstante, el movimiento independiente de los Valdenses apenas puede ser rastreado previo a los varios movimientos pre-reformistas que dieron lugar a la reforma protestante.[15]

LA ÉPOCA REFORMADA

La época confesionaria es fruto de la actividad teológica de la Reforma protestante. Aunque del siglo XVII y en suelo inglés, a más de un siglo de la Reforma Protestante, surgió la "**Confesión de Fe de Westminster**", bautizada con el epíteto de "la madre de las confesiones", y con razón. Esta confesión es de tradición reformada, confeccionada mayormente por anglicanos (si bien hubo representantes de varias tradiciones protestantes inglesas, incluso también muchos católicos). La importancia predominante de esta confesión frente a las demás, que sirvió de modelo a muchas otras, por encima

---

[15] Los Valdenses son predecesores de las anabaptistas y bautistas, quienes recibieron ese nombre en honor a Pedro Waldo, un comerciante rico y predicador laico de Lyon en el S. XII.

de la Helvética y las confesiones alemanas, que fueron primero, se debió a cuatro factores fundamentales:

1. El tiempo que tardó en confeccionarse (casi cinco años en total: 1642-1647).
2. La cantidad de teólogos, ministros y laicos que intervenían en ella (varios cientos).
3. Lo interdenominacional del grupo, anglicanos de los diferentes bandos: católicos, presbiterianos y separatistas (incluso, algunos puritanos, congregacionalistas y bautistas).
4. La multinacionalidad involucrada (mayormente irlandeses, escoceses e ingleses).

El resto de las confesiones surgían de la pluma de uno o unos pocos teólogos, y se circunscribían a una denominación particular.

Una de las confesiones bautistas de más renombre en la historia es la **"Segunda Confesión Bautista de Fe de Londres"** (confeccionada en 1677 y finalmente publicada en 1689), la cual tomó como modelo la **"Confesión de Fe de Westminster"**, redactada en base a la Primera Confesión de Fe de Londres de 1644.

Westminster ha afectado prácticamente todos los credos ortodoxos de la historia, perpetuando así la fe de las iglesias y los concilios anglicanos y reformados a partir de la segunda mitad del siglo XVII.

Prácticamente cada país de Europa de corte reformado, salvo pocas excepciones, tenía su propia confesión de fe, que generalmente recibía el nombre del país dado. Así, p. e.: "**la Confesión de Fe de Escocia**", o la de "los Países Bajos (Holanda)", la "**Helvética**" o Suiza, etc. Y tenían en común que eran expresiones de uno o unos pocos teólogos de renombre en dicha nación, y sujeto a su denominación así reformada, luterana, zwingliana, separatista o congregacionalista, bautista, menonita, etc.

SUMARIO DE "DOCTRINA CRISTIANA ORTODOXA"

La tradición reinante en una confesión dada, ya luterana, presbiteriana, o bien, anglicana, dependía de cuál tradición afectara a una nación dada. Por ejemplo, la Confesión Belga es de tradición luterana, pero la Escocesa es de tradición reformada-anglicana, y la Helvética, de tradición netamente reformada, del lado zwingliano más que del calvinista (la cual fue confeccionada por **Enrique Bullinger**, sucesor de **Zwinglio**).

LOS BAUTISTAS

Los bautistas nunca fueron la tradición de ninguna nación particular. Esto así por su ferviente oposición (junto a los Anabautistas y/o Menonitas) al matrimonio entre la iglesia y estado. Los bautistas son herederos en su eclesiología de la Reforma Radical o Anabautista, quienes fueron los precursores de las iglesias libres. Aquellos postores de las iglesias libres durante todo el siglo XVI fueron brutalmente atacados, tanto por católicos como por luteranos, e incluso, por reformados, especialmente los del ala zwingliana; de modo mucho peor que lo fueron los bautistas en Inglaterra en sus inicios (comienzos del siglo XVII). Alguien intentaría meter aquí los credos congregacionalistas o separatistas ingleses, pero cabe la pena de que aquellos al llegar a suelo americano cambiaron de parecer respecto de su posición frente al estado y se convirtieron en aliados del gobierno en Nueva Inglaterra, hasta el punto de perseguir ideas que abogaban por la separación entre la iglesia y el estado.

La explosión numérica de los bautistas se debe mayormente a los bautistas en Estados Unidos, y muy especialmente durante el siglo XIX. Pero su secuela se debe al extraordinario avance de los bautistas ingleses en la Inglaterra del siglo XVII.

Desde los comienzos de los bautistas ingleses hubo pastores sobresalientes como el escritor inglés de fama mundial, **John Bunyan**, autor de: "El Progreso del Peregrino", un clásico de la literatura universal -el título más leído de la historia post-reforma. Bunyan escribió otros 60 libros y/o tratados. Otro muy famoso fue **William Kiffin**, el principal responsable de la redacción de la Segunda Confesión Bautista de Fe de Londres. También fue pastor bautista inglés el denominado "padre de las misiones modernas", **William Carey**; incluyendo también al gran teólogo de sus días, su entrañable amigo **Andrew Fuller**. Lo fue también el archi-famoso pastor londinense, nombrado "príncipe de los predicadores", **Charles H. Spurgeon**.

En los Estados Unidos surgieron varias confesiones bautistas importantes como la "**Confesión Bautista de Fe de Filadelfia**" (de 1742), la "**Confesión Bautista de Fe de New Hampshire**" (de 1883), el "**Extracto de los Principios**"[16] (*The Abstract of Principles*) de 1859, y "**Fe y Mensaje Bautistas**" (de 1925, revisada en 1963 y en el 2000), entre otras. Hubo también enmiendas y modificaciones a las confesiones presbiterianas que bien se registran en el Libro de Confesiones de la Iglesia Presbiteriana de los Estados Unidos.[17]

LOS NULOS ESFUERZOS CONFESIONALES EN EL MUNDO HISPANO

Los países de tradición hispánica no fueron muy afectados por la reforma, razón por la cual no encontraremos esfuerzos importantes en su tradición confesionaria. España era la potencia del *momento* en tiempos de la Reforma Protestante. La Reforma Protestante coincidió tanto con la Reforma Humanista o Renacimiento, como con el descubrimiento del nuevo mundo. España era básicamente la potencia imperante de entonces. Los nobles de los reinos de España estaban diseminados e inmiscuidos en todos los reinos de la Europa Occidental.

---

[16] Proveemos una copia del "Extracto de los Principios" en los anexos de este documento.
[17] Nombrado: "La Constitución de la Iglesia Presbiteriana (E.U.A.)".

SUMARIO DE "DOCTRINA CRISTIANA ORTODOXA"

Cuando por mano de Lutero se detonó el punto de inicio de la Reforma Protestante, p. ej., el rey alemán Carlos V (simplemente Carlos en España), era nada más y nada menos que el heredero legítimo de los reinos de Castilla y Aragón de España, de hecho, era nieto nada más y nada menos que de Isabel la Católica de Castilla y Fernando de Aragón, los reyes del imperio español. Sus familiares estaban sentados en la mayoría de los tronos de la Europa de entonces, incluyendo Francia, Orange y Países Bajos, Bélgica, Polonia, Inglaterra y Austria. De hecho, Austria era, por decirlo de algún modo, la Villa de Carlos V. A parte del Sacro Imperio Germano y toda España. Incluso el papado estuvo del lado español en ciertos momentos de esa época. España, especialmente a partir de Isabel la Católica, fue la gran potencia europea.

En la época de la Reforma Protestante, que coincidió con los abusos de la así llamada Santa Inquisición Española, tribunal que había sido instituido contra el judaísmo y el morismo, pero que luego fue volcado a lo que ellos llamaron "herejías", que es el latinismo para "protestantes". Los españoles seguidores de la reforma la pasaron muy mal. El reino español fue absolutamente intolerante contra el protestantismo. El archi conocido Juan de la Cruz fue excomulgado, encarcelado y expatriado por simpatizar con las ideas reformistas. El místico protestante Juan de Valdez sufrió lo propio. Casiodoro de Reina, simpatizante del ala más radical de la reforma, el famoso traductor de la Biblia que ha llegado a ser la reina de las traducciones al español (la Biblia del Oso, luego, por disposición de los calvinistas en suiza, reeditada y renombrada como la Reina Valera), era buscado como un tesoro para ser lapidado. Tuvo que huir a Suiza y luego a Inglaterra, desde donde terminó su traducción.

España no solo lideró la "Contra Reforma", sino que defendió sus colonias contra el protestantismo al costo que fuere necesario. El catolicismo rampante era regio y para nada toleraría que los protestantes se inmiscuyeran en las colonias españolas y portuguesas, igual que Francia en otro orden. España y Portugal hicieron de todo para proteger la religión en sus colonias. Por ejemplo, en La Española (Santo Domingo) se ordenó instaurar el primer tribunal inquisitorio (del Santo Oficio) del Nuevo Mundo, si bien el decreto se trasladó a Cartagena, por la pobreza rampante en La Española en aquellos días. Pero sí permanecieron comisarios inquisidores en la isla. Hubo quemados en la hoguera y toda clase de juicio contra herejes, mayormente "protestantes" y de ideología "judaizante".[18] De hecho, tiempo después, y además de las condenas, los vigilantes del Santo Oficio tenían contabilidad del número de sospechosos restantes en la isla ya para 1610.[19] El trabajo de Lockward contiene citas puntuales de personas por sus nombres, con las razones de la condena.[20] Cita Lockward:

> "Institucionalmente la Inquisición continuó viva en Santo Domingo hasta bien entrado el S. XIX".[21]

El internacionalmente reconocido historiador dominicano Frank Moya Pons, en su obra cumbre "Manual de Historia Dominicana", da fe de que la razón de las famosas "Devastaciones de Osorio" ocurridas en 1605, donde se despoblaron los territorios de la así llamada "Banda del Norte", que comprendían los poblados de Monte Cristi, Puerto Plata, la Yaguana y Bayajá, p. ej., fueron primordialmente gestadas y resueltas por razones religiosas. Esos poblados eran de tendencia protestante.[22]

Así transcurrían las cosas en España y sus colonias. Mientras tanto, el resto de Europa libraba todo tipo de batalla contra Roma y los musulmanes. El protestantismo avanzaba, pero no había forma alguna de que así fuera en las comarcas españolas. La historia era muy distinta en los

---

[18] Lockward, Alfonso. Intolerancia y Libertad de Culto en Santo Domingo. Ver págs. 24-33.
[19] *Ibidem*, pág. 25.
[20] *Ibidem*. Ver Pág. 31.
[21] Lockward, Alfonso. Intolerancia y Libertad de Culto en Santo Domingo. Pág. 31.
[22] Moya Pons, Frank. Manual de Historia Dominicana. Págs. 51-61 (ver págs. 58, 59)

territorios germanos (incluyendo Suiza y Austria), eslavos, anglosajones, holandeses y escandinavos.

ALGUNAS LECCIONES DEL CONFESIONALISMO

Las confesiones de las tradiciones mayoritarias de la reforma (luteranas, reformadas y anglicanas), solían ser acompañadas con otros documentos instructivos llamados "catecismos", los cuales han sido de beneficio mayúsculo desde los tiempos de la reforma.

El catecismo es un instructivo teológico sencillo, en formato de preguntas y respuestas sobre los grandes temas doctrinales de la Biblia, acompañados con algunos versículos bíblicos centrales sobre el tema en cuestión.

Los catecismos existen en dos modalidades: "el menor y el mayor". El menor era el material común a los fieles, que últimamente suele imprimirse atendiendo a los grupos por edades (niños y jóvenes); y el mayor solía ser el instructivo guía para el maestro o catequista.

Aunque dolorosa y lamentablemente los movimientos ortodoxos de las alas reformadas y luteranas han estado tendiendo al colapso numérico desde comienzos del S. XX, esa realidad no debe sepultar los mejores esfuerzos catequistas y teológicos de ellos para nosotros hoy. Los catecismos clásicos, las confesiones y las muchas monografías y obras teológicas de los anabautistas, menonitas, reformados, anglicanos, luteranos y congregacionalistas, deben ser tenidos en alta estima.

No obstante, no debemos ignorar nunca que una de las fuerzas feroces que erosionaron las tradiciones reformadas tanto en Europa como en América fue la continua intromisión de las corrientes filosóficas en el currículo formativo de sus ministros. Entendiendo que el golpe bajo más feroz se debe a la intromisión de las herejías sutiles tanto del liberalismo, como de la neo-ortodoxia, que no son más que interpretaciones humanistas de la fe, infiltradas y permeadas por el movimiento de la ilustración. El humanismo ha cambiado en la modernidad bajo muchos sub-movimientos.

La neo-ortodoxia barthiana, por ejemplo, intentó oponerse a las diferentes manifestaciones del liberalismo rampante que había erosionado el mundo teológico de finales del S. XIX y comienzos del XX, pero la metafísica y la secuela del liberalismo filosófico y dialéctico no se apartaron del famoso teólogo, por lo que la crisis nunca se resolvió; por el contrario, se empeoraron las cosas en su propuesta neo-ortodoxa.

¡Aprendamos de la historia! La historia cristiana nos enseña que en vez de combinar la fe singular y sencilla de la Biblia con las corrientes de pensamientos de los hombres, conviene seguir fieles las pisadas del Señor, como nos la legaron sus profetas y sus apóstoles en las Escrituras. Por otra parte, es sabio sacar el debido provecho a los grandes y probados esfuerzos confesionales.

Aunque las tierras madres hayan colapsado en cuanto a la fe, y aunque la madre de las misiones mundiales esté tambaleante en la ortodoxia, no debemos conformarnos a los tiempos. Por el contrario, debemos seguir la fe no fingida que nos transmitieron los apóstoles del Señor.

Aunque los anglicanos de Inglaterra hayan claudicado, todavía hay esfuerzos anglicanos importantes, como el caso de Australia y unos pocos en el Reino Unido. Y aunque los presbiterianos hayan sucumbido en Europa y estén muriendo en Estados Unidos, hay secuelas importantes tanto en los Estados Unidos como en otras latitudes.

Los bautistas estamos decreciendo con pronunciado declive en occidente. No permitamos que las filosofías y las huecas sutilezas se adueñen de nuestros centros de formación y entrenamiento de pastores y misioneros. Mucho menos de las iglesias de Cristo. No debemos procurar que la sublimidad académica nos robe la fe sencilla y clara contenida en las Escrituras, muy bien documentada en los escritos ya citados.

¡Sacadle provecho a este humilde esfuerzo!

¡Tengan paz y gozo en el Espíritu Santo!

POR QUÉ ES SALUDABLE TENER UN ARTÍCULO DE FE EN LA IGLESIA

Un artículo de fe se confecciona con fines prácticos. Una confesión de fe se difunde, fundamentalmente, con el fin de contrarrestar las herejías destructoras que se pueden presentar en el mismo seno de la iglesia, o de una comunidad, o en una sociedad determinada, o, incluso, en el mundo entero. El propósito no es sustituir las Escrituras ni encarcelar las conciencias humanas, sino resumir la esencia de las Escrituras, de tal manera que sirva como guía rápida de confirmación y de amparo a esa persona, iglesia o comunidad de fe.

En el mismo orden, una confesión de fe es un tratado teológico sistemático breve, cuya finalidad es poner a disposición de los santos que comulgan con dicha proclamación las doctrinas básicas y fundamentales de la fe cristiana, según la ha llegado a comprender esa facción del cristianismo.

Los cristianos creemos y nos identificamos con la fe bíblica de antaño que han sustentado por los siglos las iglesias cristianas en todo el mundo desde su fundación apostólica. Esa fe que fue predicada y enseñada por nuestro Señor Jesucristo y sus apóstoles y profetas. (Efesios 2.2; Judas 3). La misma ha sido salvaguardada por el Espíritu Santo (1 Corintios 2.14-17) a través de la historia, mediante sus iglesias (1 Timoteo 3.14-16), conforme a la Escritura. Esta fe está sellada y detallada en la Santa Biblia. (Juan 5.39; 2 Timoteo 3.14-17).

Cualquier esfuerzo confesionario, incluyendo este, ha sido salpicado de ideologías humanas en algún orden. Por tal razón, no debe ser una sorpresa encontrar errores en las confesiones de fe, antiguas y modernas, como en los esfuerzos teológicos individuales o de grupos (libros, artículos, etc.). Por tanto, como cristianos, estamos llamados a: primero, escudriñar las Escrituras, a aprenderlas y a repetirlas en todo momento (Juan 5.39; Deuteronomio 6.6-9); y segundo, escudriñarlo todo y retener lo bueno. (1 Tesalonicenses 5.21)

Si bien reconocemos que no todas las doctrinas son iguales atendiendo a su grado de importancia, no obstante, todas las doctrinas bíblicas son santas y persiguen un fin bueno. Hay doctrinas de carácter más urgente que otras, pero se nos dio el mandamiento de "enseñar todas las cosas que Él nos mandó", a saber, "todo el consejo de Dios" plasmado en las Sagradas Escrituras, sistematizadas a menudo en documentos como este.

Las doctrinas bíblicas, según propone el Dr. Albert Mohler,[23] deberían ser comprendidas y separadas en tres órdenes, a saber:

Primer orden: aquellas doctrinas indispensables para la salvación, de las cuales pende la vida o la muerte espiritual; así: "la salvación por la fe sola", "la inspiración plenaria de las Escrituras", "la santísima trinidad", "la completas divinidad y humanidad de la persona de Cristo", "la divinidad de la persona del Espíritu Santo", entre otras de este orden.

Segundo orden: las doctrinas de corte denominacional que mantienen la unidad de una iglesia local y/o denominación. P. ej., en el caso de los bautistas: "la membresía regenerada", "el gobierno supremo de la iglesia local", "el rechazo del bautismo de infantes", "el rechazo del ministerio pastoral femenino", etc.

Tercer orden: las doctrinas bíblicas en las cuales los grupos ortodoxos, e incluso los creyentes de una congregación local, y los integrantes de una denominación a menudo difieren. P. ej.: "El re-casamiento de personas divorciadas", "el uso o no de música en el culto, y los estilos de música a ser usados en la adoración pública", "el uso personal o no de armas para la defensa personal y/o estatal", etc.

---

[23] El Dr. **Albert Mohler**, es el actual presidente del Seminario Teológico Bautista del Sur de Louisville, Kentucky (SBTS), que es el primer seminario institucional de la Convención Bautista del Sur de los Estados Unidos, Fundado en 1853 en Greenville, Carolina del Sur.

SUMARIO DE "DOCTRINA CRISTIANA ORTODOXA"

Se puede notar entonces la apremiante necesidad de estar claros en los asuntos de la fe. Y quizás no haya ningún método mejor de asegurarnos y consensuar entre hermanos de la misma fe, que confeccionar un claro y bíblico artículo de fe que beba en abundancia de los mejores manantiales de la ortodoxia cristiana, circunscritos estrictamente a las Sagradas Escrituras.

LAS DOCTRINAS BÁSICAS DE LA FE CRISTIANA

RESUMEN

Los cristianos creemos que Dios es el ser supremo, soberano, santísimo, infinito y eterno. Dios es el creador de todo, y por tanto trascendente; pero a la vez se relaciona con sus criaturas racionales, y de manera especial con su Iglesia y sus hijos. Dios ha existido siempre en tres personas (Padre, Hijo y Espíritu Santo).

Creemos que el hombre fue hecho bueno y santo, pero que al desobedecer (pecar) cayó del estado original de perfección moral de que gozaba. Dios se propuso (y esto de pura gracia) en su plan y propósito eternos, amarnos y salvarnos de la condición de pecadores en la que caímos, y también de la pena eterna que merecíamos por haber desobedecido.

Puesto que en el estado actual (caído) del ser humano es imposible conocer todo lo que es necesario saber de Dios mediante los medios generales que hablan de Dios (la creación en general); entonces, Dios nos dio a conocer, paso a paso, su deseo y voluntad para con los hombres de forma segura en las Santas Escrituras (la Biblia). Esto lo hizo revelándose personalmente a individuos en el tiempo, e infundiendo en ellos la necesidad de preservar tal revelación para la posteridad. Dicha santa revelación de Dios contiene sus planes y propósitos redentores eternos.

El propósito redentor que Dios reveló contemplaba a un Salvador, quien a la vez había de ser "LA MÁS ALTA REVELACIÓN DE DIOS: 'DIOS HECHO HOMBRE; EL VERBO HECHO CARNE; DIOS CON NOSOTROS; EMANUEL'", el cual es Jesús, el Eterno y Unigénito Hijo de Dios hecho hombre. (Colosenses 1.15-16; Juan 1.1-18; Hebreos 1.1-4; Filipenses 2.5-8; Romanos 1.1-7; Lucas 24.42-48; Etc.)

SUMARIO DE "DOCTRINA CRISTIANA ORTODOXA"

Cristo es el centro y el eje donde converge toda la revelación de Dios. A Él apuntaba todo el Antiguo Testamento, y de él trata absolutamente el Nuevo. Cristo es el gran tema de toda la Biblia. Su manifestación y su reino son el ideal prometido, proyectado y procurado por Dios en las edades para los redimidos por Jesús. (Lucas 24.44; 1 Corintios 10.4; Efesios 1.9, 10).

Los testigos oculares y hombres inspirados después de Jesús (mayormente sus mismos apóstoles) escribieron todo lo que Dios quiso que supiéramos, y finalmente, fue compilado en el Nuevo Pacto (Nuevo Testamento), pues antes de la encarnación de Cristo solo existía el Antiguo Pacto (o Antiguo Testamento), el cual también nos había llegado por mediación de los santos Ángeles de Dios, quienes revelaron esa palabra a los santos profetas inspirados por el Espíritu Santo.

En el Nuevo Pacto, Dios completó toda la revelación especial que quiso entregar a la humanidad, en el conglomerado de ambos pactos, en el conglomerado de documentos que conocemos como la "Santa Biblia".

Así que la Biblia es el libro que nos fue entregado por Dios para que sepamos todo lo que necesitamos saber respecto de Sí mismo, del hombre, de otros seres inteligentes (ángeles) y de cómo podemos volvernos a Dios, a saber, solo por la fe en Jesús, mediante el arrepentimiento para perdón de nuestros pecados, y el bautismo para testimonio público y sellamiento del pacto en el cual recibimos la vida eterna que el Señor nos prometió.

Las Sagradas Escrituras no solo apuntan a Cristo, siendo Él su centro y su tema, sino que Jesucristo es el intérprete final de la Palabra de Dios. "En Él están escondidos todos los tesoros de la sabiduría y del conocimiento". (Colosenses 2.3)
Todo el plan expansivo de Dios de su reino fue legado en las manos de la iglesia de Dios, que es la sociedad, comunidad u organismo de fe, instituida por Dios para llevar a cabo los aspectos prácticos y

misionales que deben ejecutarse entre tanto la historia de la redención alcanza su clímax. La iglesia, en el ideal de Dios, es el cuerpo de Cristo, la familia de Dios, la embajada del reino, la comunidad de fe que debe modelar los planes y propósitos de Dios en todo lo concerniente a la vida humana, bien a los individuos, a las familias, a los estados y a las sociedades.

Mientras se cumplen los propósitos y fines divinos, nuestro más sagrado deber es servir a tales propósitos, aguardando la consumación de los tiempos, en los cuales Dios forjará "cielo nuevo y tierra nueva en los cuales mora la justicia". (2 Pedro 3.13; Apocalipsis 21.1). Los perdidos irán al castigo eterna, y los justificados a la vida perdurable. (Mateo 25.46).

¡Amén!

COMO DEBE LUCIR UN CREDO BAUTISTA ORTODOXO

Como observamos arriba, los credos eran la manera común de perpetuar y conservar la fe ortodoxa en las primeras generaciones de cristianos. Si nosotros utilizáramos una breve forma como esa hoy y lo quisiéramos acomodar a los principios y la hermenéutica bautista luciría más o menos como sigue:

CREO QUE LA BIBLIA ES LA PALABRA DE DIOS, Y, POR TANTO, LA ÚNICA, SUFICIENTE, INERRANTE, INFALIBLE Y AUTORITATIVA REGLA DE FE Y PRÁCTICA PARA LA VIDA Y LA ESPERANZA CRISTIANAS. **CREO EN DIOS (PADRE, HIJO Y ESPÍRITU SANTO)**, DONDE *DIOS EL PADRE* ES LA CABEZA DE TODO; *JESUCRISTO* ES EL UNIGÉNITO Y ETERNO HIJO DEL PADRE, NACIDO DE LA VIRGEN MARÍA POR OBRA Y GRACIA DEL ESPÍRITU SANTO; CRUCIFICADO, MUERTO, SEPULTADO, RESUCITADO AL TERCER DÍA Y ASCENDIDO AL CIELO; EL ÚNICO REDENTOR Y MEDIADOR ENTRE DIOS Y LOS HOMBRES, Y EL ÚNICO SEÑOR DE TODO; QUIEN VOLVERÁ AL FIN DE ESTA ERA A RESTAURAR TODAS LAS COSAS SEGÚN SU PROMESA. **CREO** QUE *EL ESPÍRITU SANTO* DE DIOS MORA EN LOS VERDADEROS CREYENTES, DOTÁNDOLOS DE DONES Y FUERZAS ESPIRITUALES. **CREO** QUE *LA IGLESIA DE CRISTO* ESTÁ COMPUESTA POR CREYENTES CONCRETOS QUE SE REÚNEN EN UN LUGAR DETERMINADO (ESPECIALMENTE LOS DOMINGOS) PARA ADORAR A DIOS MEDIANTE LA CELEBRACIÓN DE LA COMUNIÓN CRISTIANA, LA PREDICACIÓN Y LA ENSEÑANZA DEL EVANGELIO, Y LA PRÁCTICA DE LAS ORDENANZAS DEL SEÑOR; *LA IGLESIA DEL SEÑOR* ES CONVOCADA A LA ADORACIÓN, LLAMADA A LA SANTIFICACIÓN Y ENVIADA A LA EVANGELIZACIÓN. **CREO** QUE EL SER HUMANO ES SALVO SÓLO POR LA GRACIA DE DIOS, AL CREER EN JESUCRISTO COMO SU SEÑOR Y SALVADOR, ARREPINTIÉNDOSE DE SUS PECADOS.[24]

---

[24] Este credo, p. ej., debe ser firmado por toda persona que quiere hacerse miembro de la *Iglesia Bautista Bautista Nueva Jerusalén de Bonao*, RD.

Las Doctrinas Básicas de la Fe Cristiana

LA DOCTRINA DE DIOS

Uno de los más famosos catecismos[25] protestantes históricos inicia con la pregunta: *¿Qué ES Dios?*, a lo cual responde:

> "***Dios*** **es Espíritu, infinito, eterno, e inalterable en su ser, sabiduría, poder, santidad, justicia, amor, y verdad**".[26]

Y una de las definiciones más exquisitas y completas que existen sobre Dios lo exponen tanto la Segunda Confesión de Fe de Londres, como la Confesión de Fe de **Westminster,** como sigue:

> Teniendo Dios en sí mismo y por sí mismo toda vida, gloria, bondad y bienaventuranza, es todo suficiente en sí mismo y respecto a sí mismo, no teniendo necesidad de ninguna de las criaturas que Él ha hecho, ni derivando ninguna gloria de ellas, sino que solamente manifiesta su propia gloria en ellas, por ellas, hacia ellas y sobre ellas (Juan 5.26; Hechos 7.2; 17.24,25; Salmo 148.13; 119.68; 1 Ti. 6.15; Job 22.2,3); Él es la única fuente de todo ser, de quien, por quien y para quien son todas las cosas, teniendo sobre todas las criaturas el más soberano dominio para hacer mediante ellas, para ellas y sobre ellas todo lo que le agrade. (Apocalipsis 4.11; 1 Tito 6.15; Romanos 11.34-36; Daniel 4.25, 34, 35); todas las cosas están desnudas y abiertas a sus ojos; su conocimiento es infinito, infalible e independiente de la criatura, de modo que para Él no hay ninguna cosa contingente o incierta. (Hebreos 4.13; Romanos 11.33, 34; Salmos 147.5; Hechos 15.18; Ezequiel 11.5). Es santísimo en todos sus consejos, en todas sus obras y en todos sus mandatos. (Salmos 145.17; Romanos 7.12); a Él se le debe, por parte de los ángeles y los hombres, toda adoración, servicio y obediencia que como criaturas deben al Creador, y cualquier cosa adicional que a Él le placiera demandar de ellos. (Apocalipsis 5.12-14).[27]

---

[25] Catecismo menor de Westminster.
[26] Muchos, como el reconocido teólogo J. I. Packard, ha dicho que eta es la mejor definición de Dios que jamás se haya sistematizado.
[27] Confesión Bautista de Fe de Londres de 1689. Cap. 2, Párrafo 2.

SUMARIO DE "DOCTRINA CRISTIANA ORTODOXA"

Tomando toda la Biblia como referencia, consultando las definiciones que sobre Dios proveen los documentos cristianos históricos y contemporáneos (confesiones, libros, artículos, etc.) en consenso, creemos que:

DIOS ES un SER ÚNICO en su género. Es Espíritu purísimo, infinito y eterno; es santísimo, perfectísimo, libre, justo, verdadero, bueno e invariable.[28] Por ser espíritu, no está sujeto ni a las pasiones humanas ni a ninguna limitación física. Dios posee ciertos atributos y virtudes únicos en su género (incomunicables) en todo el universo, tales como: su *inmutabilidad*, su *infinitud*, su *simplicidad* (perfección integral, no existen elementos en Él que puedan entrar en conflicto), y su *independencia* autónoma.

La naturaleza divina

Dios, en Su naturaleza, es Espíritu. Su esencia es amor perfecto. Su procura es el sumo bien de Sus criaturas. Todo el ser, el carácter y los actos de Dios abundan en Su eterna gloria y la proclaman. Sus criaturas racionales (hombres y ángeles) debemos procurar siempre, y en todo, Su gloria.

El carácter de Dios

El carácter de Dios refleja la suma de su perfección, siendo en sí mismo santo, santo, santo. Dios, entonces es perfectísimo, santísimo y justísimo en todos sus decretos, obras, acciones y pensamientos. (Levítico 11.44; 19.2; 20.7; Isaías 1.3-4; 6.3; Amós 4.2; Mateo 20.7; 1 Samuel 2.2; Salmos 29.2; 30.4; 93.5; 96.9).

Vemos como un error la frecuentada práctica de fraccionar los atributos de Dios, incluso para fines analíticos. Por ejemplo, cuando Dios juzga, lo hace en amor, con sabiduría infinita, de forma inmutable, siempre para el bien de sus criaturas y para Su propia gloria. Así, la procura de Dios de su propia gloria, no compite con el gozo y el sumo bien de sus criaturas. Dicho de otro modo, la continua procura de Dios de su propia gloria resulta en beneficio de sus criaturas. (ver Efesios 1.3-14)

---

[28] Génesis 1.1, 2; 21.13; Deuteronomio 33.27; 1 Crónicas 16.36; Salmo 7.11; Isaías 57.15; Juan 4.24; Hebreos 9.14.

En lo que concierne a sus actos, Dios es siempre justo, verás (Dios verdadero de Dios verdadero), perfectamente moral e infinitamente bueno (misericordioso y amoroso) en todo cuanto hace. Así, en sus actos creacionistas, en su plan y sus actos de regeneración, e incluso, en sus juicios reprobatorios.

La creación de Dios

Dios es el creador de todas las cosas que existentes a parte de Sí mismo, siendo así trascendente, extraordinario en sus actos, todo poderoso (omnipotente), e infinitamente sabio (omnisciente), presente en todo lugar del universo o fuera de él a la vez (omnipresente); y por ello soberano absoluto sobre todo lo que existe aparte de Él. Dios no solo es la fuente y el origen de la vida, sino su administrador soberano. Este poder y facultad le hacen un SER ÚNICO en su género. Dios todo lo hizo bueno en gran manera. (Génesis 1.31)

Muchos de los atributos de Dios, mayormente los de orden moral, son comunicables a los humanos. Por ejemplo, el amor, la misericordia, la santidad, la racionalidad, la justicia, etc., aunque nunca ninguna de sus criaturas las posee en grado infinito ni perfectísimo cual Dios. La mayoría de tales atributos no son heredados, sino que Dios los otorga soberanamente a sus criaturas.

La obra de redención de Dios, una obra de gracia

Del mismo modo, si bien la caída de los ángeles fue irreversible, Dios se había propuesto en la eternidad revertir las consecuencias eternas de la caída de los hombres mediante un ingenioso y sabio plan de redención por gracia, en Su Hijo Amado. Y aunque todos los hombres merecemos la muerte perpetua tanto por nuestra herencia pecadora como por nuestras voluntarias transgresiones, Dios ha mandado la procreación de la raza, ha prescrito las correctas y justas relaciones entre ellas mismas y para con Dios, demandando incluso el arrepentimiento de ellas, bajo promesa de restauración. (Efesios 1.3-14; 3.1-13).

SUMARIO DE "DOCTRINA CRISTIANA ORTODOXA"

En su gracia, Dios ha revelado su plan de Redención a los hijos de los hombres en "el Evangelio". Este "Evangelio" es un tratado de la existencia eterna, encarnación, vida, obra, muerte, resurrección y ascensión de Jesucristo, el Eterno Hijo de Dios, al cielo (al trono y a la diestra del Padre); comprende también la promesa y la manera como los hombres alcanzamos la redención, a saber, por gracia, por medio de la fe en Jesucristo; y también comprende la promesa de investidura del creyente con el Espíritu Santo, como también el regreso de Jesucristo a poner fin a la historia común, trayendo retribución a sus criaturas morales, instaurando la vida perdurable, pautado en la sola voluntad y consejo del Padre. El evangelio además contiene la doctrina del juicio y el castigo eterno de los malvados.

Los juicios de Dios como retribución a sus criaturas morales

El carácter de Dios le hace odioso del pecado, y por ello Dios se aíra y es fuego consumidor. Él ha predeterminado un día de juicio para pagar a cada ser humano conforme a lo que haya hecho mientras vivía sobre la tierra, sea bueno o sea malo. (Hechos 17.31). Pero mientras dura la era presente, Dios ha establecido un sistema de justicia temporal la cual administra justa y soberanamente. Este conocimiento lo ha revelado en su Palabra a los hijos de los hombres, para que vivan de acuerdo a ella, en toda piedad y honestidad. (Éxodos 20.7; Job 35.2; Salmos 7.11; 92.15; 116.5; Isaías 30.18; Daniel 9.14).

La Santísima Trinidad

Una de las cualidades únicas de Dios es que Él existe en tres personas: **Dios Padre, Dios Hijo y Dios Espíritu Santo.** Todas las cualidades descritas arriba son comunes a cada una de las personas de la divinidad. Por ello, tales personas son una en acuerdo, propósito, sustancia, potencia, atributos, etc. No obstante, en la economía divina, ejercen distintas funciones y oficios, especialmente en lo concerniente a sus obras tanto creadoras como redentoras. (Génesis 1.1-2; Efesios 1.3-14; Lucas 1.30-33).

Dios el Padre
El Padre es la cabeza de la trinidad (Salmo 2; 1 Corintios 11.3), el Dios y Padre de todo. (Efesios 4.6; 5.20; Colosenses 3.17; 1 Corintios 15.24-28).

Dios el Hijo
El Hijo es la razón y el objeto del amor de Dios (Efesios 1.3-8), aquel de quién, por quien, y para quien, Dios ordenó, hizo y son todas las cosas, sean tronos, dominios, principados o potestades. (Colosenses 1.15-16; Hebreos 1.1-4; Filipenses 2.9-11). Jesucristo, el Hijo de Dios, es el Señor de todo y la cabeza de la Iglesia del Dios vivo. (Efesios 1.21-23; 2.20ss; 4.8-17; 5.23; Colosenses 1.15-18; 1 Corintios 15.24-28 Lucas 20.17; Hechos 4.11; 1 Pedro 2.7; Salmos 2). El Hijo es también el Redentor, quien tomó cuerpo humano, haciéndose Dios-Hombre, inmolándose cual Cordero Redentor, resucitando al tercer día de entre los muertos y ascendiendo al cielo, al trono de Dios en la majestad de su gloria. (Juan 1.29, 36; Apocalipsis 7.14; 22.3; Efesios 1.5-8; Filipenses 2.4-11; Mateo 16.21; 20.18; Marcos 9.31; 1 Corintios 15).

Dios el Espíritu Santo
El Espíritu Santo es la tercera persona de la santísima trinidad. El Espíritu Santo procede eternamente del Padre y del Hijo, imparte vida a las cosas y a los hombres. (Génesis 1.2; 2.7; Juan 6.63; Efesios 5.9). El Espíritu ejecuta un papel activo en el plan de redención al impartir los dones en los creyentes y hacer morada en ellos. (Efesios 1.11-14; 5.9; Gálatas 5.22; 1 Corintios 12.8, 9). El Espíritu mora en los creyentes, y es quien imparte o infunde los dones en los creyentes. Sin el Espíritu obrando en el hombre, por el Evangelio, no es posible la fe salvadora. La fe es implantada por el Espíritu en la persona escogida por Dios, la cual escucha el evangelio eficazmente. Sin tal acción del Espíritu de Gracia, no podemos venir a los pies del redentor en arrepentimiento. Además, el Espíritu es el que opera convencimiento de pecado, de justicia y de juicio. El Espíritu habita en el creyente y da consuelo, fuerzas y hace posible que tanto nuestros ruegos como nuestras alabanzas lleguen al trono de la

gracia. (Juan 16-17; 1 Corintios 12; Romanos 5.5; Gálatas 5.22). El mismo espíritu capacita al creyente para hacer la obra del ministerio. (Efesios 4.8-17; Hechos 1.6-11).

La Gloria de Dios

Todo lo que Dios es, ha hecho, hace y hará tiene un fin principal, a saber, manifestar Su gloria. La gloria de Dios, exaltada en sus atributos personales, es la que a menudo llama la atención de alma humana para que ésta se sienta cautivada por la divinidad. Esto es lo que provoca la luz del evangelio de Cristo en el pecador que cree, una visión de la gloria de Dios en la faz de Jesucristo.

Hasta tanto Dios no refleja su gloria al hombre, podemos decir que apenas sabemos de Dios de oídas, como dijo Job. Ahí se nos explica la razón por la que Dios a menudo daba una visión de su gloria a sus profetas para que tuvieran la más grande razón para seguir firmes en sus ministerios. Lo que los apóstoles hicieron en sus escritos y ministerios fue pregonar la gloria de Dios que habían visto en Cristo. (Juan 1.14; Efesios 1.3-10; 1 Juan 1.1-8; *cf.* Salmos 8.1; Salmos 19.1).

Lo que de Dios es posible ser conocido, ya Dios lo manifestó en sus portentosas obras, pues "los cielos cuentan su gloria". Los aspectos de la persona y el carácter de Dios son imposibles de ser conocidos por el hombre natural, de ahí la necesaria obra del Espíritu Santo para revelarlos al hombre. Por ello Dios nos lo ha dado a conocer en su "Revelación Especial", mayormente en "*la gloriosa encarnación de Su Hijo Jesucristo*".

El término hebreo mayormente traducido en el Antiguo Testamento como gloria es *kābôd*, significa: *pesado, denso*. El término griego del Nuevo Testamento mayormente traducido para gloria es *doxa*, literalmente significa: *fulgor, brillo, resplandor.* En esencia "gloria" se refieren a "reputación, lucimiento, apariencia". De ahí:

> *"Una es la gloria (Gr. doxa) del sol, otra la gloria de la luna, y otra la gloria de las estrellas, pues una estrella es diferente de otra en gloria".* (1 Corintios 15.41)

El sentido es muy claro en Apocalipsis 21.23-24.

> *"La ciudad no tiene necesidad de sol ni de luna que brillen en ella; porque la gloria (Gr. doxa) de Dios la ilumina, y el Cordero es su lumbrera. ²⁴Y las naciones que hubieren sido salvas andarán a la luz de ella; y los reyes de la tierra traerán su gloria y honor a ella".*

El significado se aclara aun más en el siguiente texto:

> *"Porque Dios, que mandó que de las tinieblas resplandeciese la luz, es el que resplandeció en nuestros corazones, para iluminación del conocimiento de la gloria de Dios en la faz de Jesucristo".* (2 Corintios 4.6)

Es evidente que el término gloria significa literalmente "brillo", "resplandor", "reflejo", "fulgor", "relucir", etc. Claramente alude metafóricamente a "honor", "vestidura", "dignidad", "opinión", "alabanzas", "apariencia", etc.

Según el evangelio, Cristo es la intensa manifestación visible y encarnada de Dios. Su vida y obra, por tanto, reflejaron la misma gloria de Dios. (Juan 1.14; Hebreos 1.1-4).

Esa gloria de Dios manifestada en la faz de Jesucristo, acorde al evangelio eterno, es la manifestación más brillante de Dios. Así los atributos de Dios reflejados en la persona de Su Hijo, su encarnación, su vida, sus obras, sus palabras, su cruz y su resurrección. La gracia, el amor, la misericordia, la sabiduría desplegadas en el plan de redención en Cristo, son la irradiación de la gloria de la gracia de Dios; todo lo cual procura su gloria.

SUMARIO DE "DOCTRINA CRISTIANA ORTODOXA"

La gloria de Dios entonces es la manifestación de la suma de sus atributos. La gloria de Dios es intrínseca a su ser. Dios, aun antes de la creación, poseía la misma gloria que posee ahora y poseerá por la eternidad. Por eso dijo el Hijo: *"Ahora pues, Padre, glorifícame tú al lado tuyo, con aquella gloria que tuve contigo antes que el mundo fuese"*. (John 17.5)

Esta es entonces la razón por la que todo lo que los hijos de Dios debemos hacer es para Su gloria, es decir, para dar fe y testimonio de los atributos de Dios. (Colosenses 3.17; 1 Corintios 10.31; 2 Corintios 2.1, 14, 20; 4.15; 9.8).

De ahí que el mandato continuado de Dios a sus criaturas es *"hacer siempre todo cuanto hagamos para la gloria de Dios"*. (1 Corintios 10.31; Juan 11.14; Romanos 3.7; 2 Corintios 1.20; 4.5.)

Estas sobradas razones son aquellas por las que un famoso Catecismo (ya citado), habiendo hecho la pregunta: ¿Cuál es el fin principal del Hombre? Responda:

> "El fin principal del hombre es 'dar toda la gloria a Dios' [en todo] y gozarse en Él para siempre".

Entonces:

1. Dios es intrínsecamente glorioso.
2. Dios ha revelado su gloria en su Palabra y en sus obras de la creación.
3. La más grande muestra de la gloria de Dios es Jesucristo, y éste crucificado.
4. Lo que da sentido y gozo al hombre es vivir para la gloria de Dios.

LA OBRA DE LA CREACIÓN DE DIOS

Creemos que Dios es el diseñador, creador y ejecutor de todo lo que existe en el espacio sideral y fuera de él. (Génesis 1.1; Hebreos 11.1-3; Salmos 8.1 ,6; Isaías 37.16; 40.26; Juan 1.1-4). A Dios le plugo, en sus propósitos soberanos, y para su propia gloria, crear una infinidad de seres, criaturas, cosas, sistemas, fuerzas (animadas e inanimadas), temporales y perpetuas, bióticas y abióticas para los fines determinados por Él. Creemos que Dios hizo los sistemas, las fuerzas y las criaturas que nuestros ojos alcanzan a ver y experimentan en el espacio, así como las que no vemos ni hemos descubierto. Dios Hizo la energía, la densidad de tinieblas, el tiempo, el espacio, y las cosas que interactúan en el universo. (Génesis 1, Hebreos 11.1, 2).

Las criaturas racionales de Dios
En la creación Dios hizo seres inteligentes, es decir, a los ángeles (y su organización), y a los seres vivientes que sirven a Dios en su presencia. (Isaías 6.1-8; Ezequiel 10; Apocalipsis 4-6). Hizo también al hombre y a la mujer a su imagen y semejanza. (Génesis 1, 2). La raza humana es la más especial de todas las criaturas de Dios, si bien los ángeles le superan en gloria y fuerza. (Salmos 8.5; Hebreos 2.7). El hombre fue creado a "la imagen de Dios". La raza humana fue creada con capacidad de reproducirse, mientras que los ángeles y las criaturas superiores no tuvieron tal privilegio.

No obstante, y a pesar de que Dios creó todo bueno y perfecto, creó a los hombres y los ángeles mutables (moralmente hablando) y con ciertas libertades (libre albedrío), pudiendo tales criaturas, aun siendo buenas, escoger el mal (desobedecer a Dios), lo cual hicieron muchos de los ángeles. La raza humana también cayó en miseria en su representación federal (Adán). Por efecto de la caída, los ángeles y los hombres se volvieron malos, perdiendo así el libre albedrío original. Desde entonces, los pensamientos y las obras de los hombres son continuamente solo el mal. (Génesis 6.1-6; Romanos 1.18-3.19). Los hombres quedaron confinados a las cadenas de esclavitud del pecado y la muerte, por tanto, impedidos de poder decidir en los asuntos salvadores y espirituales. (Efesios 2.1-4; Romanos 6.17, 18, 22; Juan 3.18-20; Juan 11.25; Juan 8.32, 36). La regeneración de los hombres solo acontece al son de los decretos salvadores de Dios, según las riquezas de Su gracia. (Efesios 1.3-11; 2.5-10).

El plan de redención
Debido a la caída, Dios diseñó un plan perfecto para el rescate de una multitud incontable de entre los humanos, así de todas las edades, lenguas, tribus y naciones. (Apocalipsis 7.9, 14). La caída en pecado del hombre provocó que Dios decretara someter su basta creación a un estado de deterioro continuo, si bien el propósito redentor de Dios incluye la restauración del universo. (2 Pedro 3; Romanos 8.19-23). Este plan comprende dejar a los ángeles caídos en tal estado, habiendo decretado también que los hombres que permanezcan en su incredulidad hereden perpetua condenación. (Apocalipsis 20.14, 15; Mateo 8.9, 12; 13.42, 50; 18.8; 24.51; 25.30, 41; Marcos 9.45).

El propósito de Dios al crear
Desde el principio hasta el fin, el propósito de la creación de Dios es su propia gloria, por lo que debemos procurar la gloria de Dios en todo lo que hagamos, sea de palabras, de pensamientos o de obras y/o de omisión. Al final de todo, "EL FIN PRINCIPAL DEL HOMBRE ES GLORIFICAR A DIOS Y GOZARSE EN ÉL PARA SIEMPRE".

EL SER HUMANO

El ser humano fue creado a la 'imagen de Dios'. (Génesis 1.26). Es denominada por muchos como "la corona de la creación de Dios"[29]. El primer hombre fue hecho por Dios mismo en estado adulto (varón y hembra) y en condición de perfección moral, espiritual y física. Fue echo para durar para siempre. Dios hizo al hombre con dos naturalezas que se conjugaban perfectamente produciendo las atribuciones perfectas correspondientes al diseño divino, una del orden material (confeccionada y manipulada por Dios mismo –el cuerpo y sus sistemas), y una espiritual (soplada o impartida por Dios mismo –su aliento de vida o Espíritu). Dichas naturalezas se conjugaron produciendo un alma (o ser) viviente. (Génesis 2.7).

Esa alma (o ser) viviente solo funciona como tal en ese estado conjugado, así que al separarse dichas constituciones (corporal y espiritual) se produce el fenómeno que conocemos como muerte física.

Al momento de la muerte, el espíritu, que es eterno, va al lugar designado por Dios, hasta la futura incorporación que vendrá para permanecer en dicho estado por la eternidad. (*Ver* Daniel 12.1-2; Lucas 16.19-31; Juan 5.28-29; 1 Tesalonicenses 4.13-18; Apocalipsis 20.11-15).

Desde que el hombre pecó comenzó su deterioro paulatino, en el orden físico (genético). En el orden espiritual, desde el momento de la caída, el hombre murió, perdiendo toda capacidad de hacer el bien y de relacionarse con Dios. (Génesis 2.17; Efesios 2.1-4; Romanos 3.11-19).

Por tal razón, Dios necesita obrar un milagro regenerador en el hombre para que pueda comenzar a buscar a Dios, hasta volver a adquirir el estado original de perfección eterna (lo cual se logrará finalmente en la resurrección). (*Ver* Juan 3.1-18; Juan 1.12-13;

---

[29] Juan Calvino en sus Institución de la Religión denominó al hombre "el microcosmos".

SUMARIO DE "DOCTRINA CRISTIANA ORTODOXA"

Efesios 2.1-10). Este estado de perfección eterna será exclusivo para los salvados de todas las épocas. (1 Tesalonicenses 4.13-18; Apocalipsis 20.11-15).

Los malvados también resucitarán, pero no en perfección, sino para vergüenza y confusión eterna. (Daniel 12.1-2; Apocalipsis 20.11-15). Sabemos que Cristo ha resucitado de entre los muertos como primicias, para ejemplo de lo que nos ha de suceder a todos. (Mateo 27.51-53; 1 Corintios 15.23). Por tanto, es el deber de todo ser humano procurar su salvación con toda diligencia, humildad, temor y temblor para ver si logra alcanzar la vida eterna. Es la urgencia del creyente comunicar el evangelio a toda criatura, pues es el único medio por el cual el pecador puede ser revivido por y para Dios.

Actualmente hay dos clases de seres humanos: los regenerados o salvados, y los no regenerados o condenados. Los billones de almas que han muerto en la historia hasta nuestros días aguardan la redención o la condenación eternas. La glorificación constituye para los cristianos "nuestra esperanza bienaventurada" de la cual estamos llamados a dar razón a todos. Desgraciadamente para las almas no regeneradas la segunda muerte será un estado maldito y estarán eternamente en el infierno de fuego, separados de Dios. (Mateo 5.22-30; 10.28; 18.9; 23.33; Marcos 9.43, 45, 47; Lucas 16.23; Hebreos 10.26, 27; 2 Pedro 2.4; Apocalipsis 1.18; 14.10; 19.20; 20.10, 13, 14, 15; 21.8).

La concepción y la vida
La vida es la esencia de la divinidad, y en cuanto a la dispensación de este don, la vida es administrada exclusivamente por la divinidad. Les está impedido a sus criaturas administrar la vida, produciendo la muerte, bajo pena de maldición y juicio de muerte.

Con relación a quitar la vida humana a sus poseedores nos dice Dios: "No Matarás". Creemos que la vida (desde su mismo origen) siendo prerrogativa y don divinos, los humanos debemos privarnos de toda atribución con respecto a tal derecho. Así, los cristianos bíblicos siempre se opondrán al aborto, a la eutanasia, a la planificación familiar que comprenda **métodos abortivos**,[30] etc. Los hombres no fuimos facultados para administrar la vida, y hay muy pocas excepciones en las escrituras facultando a jueces para disponer de la vida humana.

Como cristianos debemos procurar el cese de las guerras, las guerrillas, las revueltas y cualquier forma de protesta que atente contra la vida humana. Debemos procurar la paz con todos y en todo lo que de nosotros dependa. En el mismo orden debemos estar sujetos a las leyes y a nuestros gobernantes en todo principio que no vaya en contra de los mandamientos de Dios.

---

[30] Existen varios métodos de planificación abortivos, así métodos químicos y físicos. P. Ej. La píldora del día después (o *Preven*), la RU 486, el DIU o "T" de Cobre, el *Norplant*, el Depo-Proveta, entre otros. Es responsabilidad y deber de la pareja consultar sus pastores y su médico sobre este asunto.

SUMARIO DE "DOCTRINA CRISTIANA ORTODOXA"

LA BIBLIA Y SU INTERPRETACIÓN

La Santa Biblia, en sus 66 documentos (libros, registros y/o cartas) que contienen el Antiguo y el Nuevo Testamento canónicos, siendo que es totalmente inspirada por Dios, es por tanto suficiente, infalible, e inerrante en materia de fe y práctica salvadoras, y es la verdad por encima de cualquier otra autoridad en todo asunto de fe y vida. Cuando la Biblia contradice algún postulado (sea científico, legal, religioso, social, histórico o filosófico), o a las opiniones y sofismas humanos en cualquier asunto, ella determina nuestra postura, entendiendo que las Escrituras se interpretan literalmente atendiendo a: los propósitos del escritor, la gramática de los idiomas originales, las reglas de la lingüística del idioma original, el contexto histórico en el que se escribió el asunto, el estilo literario utilizado, el testimonio general de toda la Biblia, bajo la dependencia y la indispensable guía del Espíritu Santo, siendo la eternidad, encarnación, vida, obra, mensaje, muerte y resurrección de Cristo el modelo y el eje de toda interpretación bíblica. (Juan 1.14; Mateo 5.17-19; 1 Timoteo 3.15, 16; 1 Juan 1.1-7; 1 Corintios 1.1-4; Romanos 10.8-10).

El modelo de interpretación bíblica adecuado excluye la letra del mandamiento, e incorpora el espíritu de la ley, de tal manera que el principio se sobrepone a las reglas, y éstas, a su vez, al juicio personal, lo cual culmina en convicciones firmes y arraigadas en el modelaje de Jesucristo y en la acción del Espíritu Santo en el creyente.

Las Escrituras no son de interpretación privada, por lo que no solo los ministros de la iglesia, sino que los cristianos en general pueden interpretar las Escrituras bajo las mismas normas de interpretación.[31]

---

[31] Debemos, además, considerar seriamente las resoluciones de los sínodos históricos (ecuménicos) de la iglesia, y considerar los sínodos dominantes del protestantismo ortodoxo calificado. Las confesiones protestantes de los días de la reforma son muy útiles.

En materia de interpretación bíblica:

- Cristo es el centro de las Escrituras, el misterio que había estado escondido y nos fue revelado.
- El Nuevo Testamento interpreta el Antiguo.

Además, cualquier interpretación novedosa de la cual la misma Biblia y la cristiandad en general no hagan ningún eco, debe tenerse por sospechosa.

La Biblia contiene todo lo que el hombre debe saber sobre sus deberes en materia de fe y vida, así religiosa, pública, privada, familiar, comunitaria como individual. La correcta interpretación bíblica ha de culminar en una vida consagrada y piadosa que glorifica a Cristo. (Efesios 5.1ss; Mateo 7.24ss; Isaías 8.20; 1 Timoteo 3.16-17; Romanos 15.4; Apocalipsis 2.1, 8, 12, 18; 3.1, 7, 14; 1 Juan 2.13-15).

Toda la ley y los profetas se resumen en los diez mandamientos y éstos a su vez en dos grandes mandamientos, (1) *amar a Dios sobre todas las cosas* y (2) *amar al prójimo como a uno mismo*. (Éxodo 20.1-17; Deuteronomio 5.1-21; Mateo 22.34-40). Entendiendo además que la ley no fue dada para que el hombre busque a Dios por ella, sino para enseñar al hombre su pecaminosidad e incapacidad de cumplir dicha ley por sí mismo, y que por tanto necesita un medio justificador, la fe en Jesucristo. Declarando entonces que: "el justo por la fe vivirá". (Romanos 3.20ss; Juan 1.17, 18).

SUMARIO DE "DOCTRINA CRISTIANA ORTODOXA"

EL MENSAJE DEL EVANGELIO

El evangelio eterno estuvo parcialmente escondido a los antiguos. A fin de cuentas, el evangelio es el tratado de aquel en quien están escondidos todos los tesoros y los misterios de la sabiduría de Dios. Fue revelado paso a paso en las sagradas Escrituras. Finalmente fue manifestado en carne en la persona del Hijo de Dios. Los apóstoles del Señor nos lo han dado a conocer en toda su plenitud. Aquel misterio que había estado escondido a los antiguos ahora brilla como el sol al medio día para todos los de la fe, conforme a la Escritura.

Por evangelio se quieren significar varias cosas. En el sentido más amplio, toda la Biblia revela el evangelio. Se clasifican como evangelios a los libros del Nuevo Testamento que tratan exclusivamente sobre Jesucristo (Mateo, Marcos, Lucas y Juan). Se denomina evangelio un discurso breve o prolongado donde se expone la doctrina y el camino de salvación, o algún aspecto de la doctrina de Cristo; y de forma más personal, Cristo es el Evangelio.

No obstante, a lo que nos referimos aquí es a ese mensaje susceptible de ser predicado que produce el efecto justificador en el pecador arrepentido al recibir con fe tal predicación. (Romanos 10.8-10; 1 Corintios 15.1-4; Romanos 1.1-5).

Las figuras rituales como el templo, el sacrificio, el tabernáculo, el sacerdocio, el profetismo, Israel, etc., fueron tipos o figuras de Cristo. De ahí que Cristo está presente en todo el texto de las Escrituras desde Génesis hasta Apocalipsis.

En este sentido, el evangelio es lo que debe ser predicado, en palabras ordinarias, que puede provocar en el receptor de tal mensaje los efectos salvadores, por la necesaria iluminación del Espíritu. Es de esto que Pablo no se avergonzaba porque es el poder de Dios para salvar. (Romanos 1.16)

El evangelio es entonces un tratado en el que se expone a Cristo, no es cualquier Cristo, sino el Cristo de Dios, el Hijo eterno de Dios, manifestado en carne (del linaje de Abraham y de David), vindicado por el Espíritu, visto de los Ángeles, predicado a los gentiles, creído en el mundo, muerto (crucificado), sepultado y resucitado de entre los muertos al tercer día por el Espíritu de Santidad, y recibido arriba en gloria, conforme a las Escrituras. (Mateo 16.21; Juan 3.16; 1 Timoteo 3.16; Romanos 1.1-5; 5.1-4; 8.8-10; 2 Timoteo 2.8; Juan 7.42; 1 Corintios 15.1-4).

LA GRACIA Y EL PROPÓSITO DE DIOS

La gracia es la determinación y condescendencia amorosa divina de decidir impartir dones a los pecadores, aunque estos merezcan el castigo eterno y la muerte. De pura gracia, Dios conoció, predestinó, llamó, justificó, y glorificó a una multitud incontable de pecadores sin mérito alguno. La elección divina tiene un fin y un propósito: el fin es "la gloria de Dios", el propósito es la salvación de los escogidos por la gracia de Dios. (Efesios 1.3-14; Romanos 8.29, 30; 9.6-11). A fin de cuentas, la elección, la fe y la salvación son el fruto de "la gracia de Dios". Del mismo modo que los elegidos son el foco de la redención en Cristo, dicha elección se hace evidente en un ser humano cuando éste, en arrepentimiento y fe, viene humillado a Cristo, aceptándolo como Señor y Salvador de su vida. La elección incluye tanto los medios como los fines.

La gracia es la gloriosa expresión de la bondad soberana de Dios, y es infinitamente sabia, santa e inmutable. Excluye la jactancia y promueve la humildad. (Efesios 2.8-10)

El propósito de Dios, que es conforme a la elección, consiste en salvar, por su gran misericordia, a una multitud incontable de seres humanos de todos los tiempos, tribus, pueblos, naciones; creando así un pueblo para su gloria. **El inmenso y glorioso propósito de Dios es forjar, en la era venidera, una nueva creación**, en la que

SUMARIO DE "DOCTRINA CRISTIANA ORTODOXA"

Él sea nuestro Dios y nosotros morada Suya en el Espíritu, por tanto, su templo y tabernáculo. Así, el fin último de Dios en todo cuanto hace, demanda y procura es gloriarse, lo cual resulta en grandes beneficios para su pueblo.

"**Dios nos ha dado a conocer el misterio de su voluntad**, según su beneplácito, **el cual se había propuesto en sí mismo**, de reunir todas las cosas en Cristo, en la dispensación del cumplimiento de los tiempos, así las que están en los cielos, como las que están en la tierra". (Efesios 1.9, 10). Al morir en la cruz nuestro Señor, resucitando al tercer día de entre los muertos, derribó la pared intermedia que separaba a Israel de los gentiles, creando mediante su cruz la paz, y haciendo de ambos pueblos un nuevo Israel, el Israel de Dios, revelando así el gran misterio de Dios escondido por los siglos.

El cumplimiento del propósito de Dios traerá más y más gloria a su bendito nombre. Por eso también oramos: "Padre nuestro que estas en los cielos, santificado sea tu nombre. Venga a nosotros tu reino. Hágase tu voluntad, como en el cielo, así también en la tierra". (Mateo 6.9, 10). Y por la misma causa se nos encomendó: "Vayan y hagan discípulos de todas las naciones, bautizándolos en el nombre del Padre, del Hijo y del Espíritu Santo". (Mateo 28.20). Todo ello "conforme **al propósito eterno que hizo en Cristo Jesús**, Señor nuestro", de redimir a una multitud incontable para su gloria y honor. (*Comp.* Romanos 9.6-11; 11.25-32; Efesios 1.3-14; 2.11-22; 3.1-13; Apocalipsis 7.9, 10; 1 Pedro 2.4-11; Isaías 11.6; 65.25).

LA SAVACIÓN (SOTERIOLOGÍA)

La salvación, que literalmente significa "librar de condenación, peligro, esclavitud o muerte", es la palabra que define la doctrina bíblica que refiere la obra redentora de Dios en Cristo mediante la cual Dios se propuso, en su plan, rescatar y librar a los escogidos de Dios de la condenación eterna en el infierno, que por herencia aguarda a todo ser humano. (Efesios 2.1-4)

Las Sagradas Escrituras utilizan varios términos y imágenes para referirse a la salvación, en cuanto a los efectos producidos en el redimido. Así: "ha pasado de muerte a vida" (Juan 5.24; Efesios 2.1-2), "ha sido trasladado del reino de las tinieblas al reino de Cristo" (Colosenses 1.13; Hechos 26.18), "de hijos de ira, o desobediencia, o de condenación a hijos de Dios" (Efesios 2.3; 5.6), etc. Estas figuras de la salvación refieren un cambio radical de vida y pensamiento que acontece en el regenerado.

La caída de Adán, cual representante federal de la humanidad, provocó que todos sus descendientes fuésemos herederos del pecado, lo cual se hace evidente en cada ser humano nacido. (1 Corintios 15.22; Romanos 5.12; 3.23). Por la caída, Dios maldijo la creación (con excepción del ser humano), sujetándola al continuo deterioro hasta el tiempo de la restauración de todas las cosas (Romanos 8.21, 22; 1 Corintios 1.7; Tito 2.12, 13); y, en efecto, se cumplió la sentencia de muerte que Dios había decretado al hombre por incurrir en pecado. (Genesis 2.17; Ezequiel 18.4, 20; Romanos 3.23).

En vista de tal desgracia producida por el pecado, y en virtud del plan de Dios de salvar un pueblo numeroso, y ya que Dios no puede tener comunión con el pecado, ni con el pecador, debido a su carácter santísimo; entonces resolvió ejecutar su plan de las edades en favor de los pecadores, el cual comprendía un pago justo y suficiente por el horrendo pecado. El pago suficiente fue la muerte de Jesucristo, el Unigénito Hijo de Dios hecho Hombre.

SUMARIO DE "DOCTRINA CRISTIANA ORTODOXA"

De ahí que:

> "*Al que no conoció pecado, por nosotros lo hizo pecado, para que nosotros fuésemos hechos justicia de Dios en él*". (1 Corintios 5.21)

O, dicho de otro modo:

> "Cristo *nos redimió de la maldición de la ley, hecho por nosotros maldición (porque está escrito: Maldito todo el que es colgado en un madero)*". (Gálatas 3.13 -ver también: Romanos 6.10; Isaías 53.6; 1 Pedro 3.18; Filipenses 3.9).

La maldición de la ley es la muerte, pues "la paga del pecado es la muerte". (Romanos 3.23). No la muerte común, pues esa es una minúscula consecuencia de la caída como tal, sino la muerte eterna, a consecuencia de la gran traición a Dios que representa el pecado.

La salvación traerá como resultado la morada de Dios con los hombres, y viceversa, por toda la eternidad. (Efesios 1.10, 11). En el estado presente gozamos de la morada del Espíritu, en cumplimiento de la promesa de Dios. (Juan 17; Hechos 1.1-8), así como de paz con Dios. (Romanos 5.1)

La salvación nunca ocurre aparte de la exposición y recepción conscientes del evangelio de Jesucristo por parte del redimido. Porque es el evangelio aquello que Dios utiliza para justificar al impío. Es decir, que la salvación (regeneración, justificación, santificación, adopción y glorificación) es de principio a fin la obra de Dios por fe y para fe en Cristo. (Romanos 1.16, 17; 3.19-28).

La salvación es entonces *una obra de gracia* mediante la cual Dios rescata al pecador de su condición caída (pecadora) en la que se encuentra por derecho de nacimiento. La razón por la que la salvación debe ser una obra de gracia es porque el ser humano está separado de la gloria de Dios, en continua enemistad con Dios, en virtud de su pecado. (Romanos 6.23). Es decir, que el hombre está muerto en sus delitos y pecados y haciendo por naturaleza las obras de la carne, de los pensamientos y del diablo, bajo cuyo yugo está cautivo. (Efesios 2.1-5). Por tal condición, la salvación no se gana ni se merece, ni existe manera alguna de como un pecador pudiera comprarla o adquirirla, pues, en tal condición natural, el hombre está destituido de la gloria de Dios. (Romanos 6.23)

Es por ello que Dios decidió pagar el precio del rescate de los escogidos mediante la muerte de Cristo en la Cruz; es decir, a precio de sangre, lo cual hizo que el decreto de justificación del pecador no sea un acto de injusticia de Dios, sino una gracia.[32]

La salvación suele observarse desde una óptica de tres fases: *inicial, progresiva y final*. Cada una corresponde como sigue: inicial con la justificación, progresiva con la santificación, final con la glorificación. La doctrina de la santificación suele hacerse corresponder a estas tres fases también (inicial, progresiva y final).

¿Cómo acontece la salvación en el pecador?

A este punto es menester mencionar que las figuras y términos que en suma refieren la salvación, serían imposibles de ser comprendidas y conjugadas, a menos que hagamos un escrutinio escriturario,

---

[32] La cuestión de a quien se pagó el precio de la redención ha sido motivo de controversia desde los días de los Padres de la Iglesia. Orígenes propuso la teoría del engaño a Satán, en la que establecía que Cristo, mediante la expiación por su muerte en la Cruz, pago el precio de un rescate a Satanás, en la que Cristo engañó al diablo. Pero a partir de Hilario, pasando por Gregorio el Grande, Anselmo de Canterbury y llegando a los reformadores, el consenso de la ortodoxia ha girado en torno a un pago satisfactorio, legal y sustitutiva de Cristo a Dios en favor de los redimidos. En los trabajos de Anselmo es que se ataca definitivamente la idea de los primeros padres del pago a Satanás. A partir de Anselmo también se desecharon las ideas de la recapitulación, la teoría del ejemplo supremo y la mera muestra de amor, respecto a la expiación de Cristo. (Ver Historia de las Doctrinas Cristianas por Louis Berkhof. Págs. 209ss).

SUMARIO DE "DOCTRINA CRISTIANA ORTODOXA"

exegético y teológico, sobre el *ordo salutis*.[33] De hecho, ubicar el momento de la recepción de la fe sería prácticamente un imposible sin comprender el *ordo salutis* lo más a fondo posible.

La salvación es obtenida personalmente en el momento cuando *por el arrepentimiento y la conversión por la fe puesta en Jesucristo como Señor y Salvador, un pecador es adoptado como hijo de Dios.* (Juan 1.12-13; 3.1-5). La salvación comprende una serie de eventos que Dios mismo ha dispuesto, los cuales han sucedido, suceden y/o sucederán. Es decir, algunos son asuntos obrados en el pasado, incluso en la eternidad (como la *elección* y la *expiación*), otros son obrados en el mismo momento de la impartición de la gracia al pecador (la *justificación*), y otros son asuntos del futuro (como la *glorificación*, etc.).

La salvación es una obra amplia de Dios en los hombres. Involucra todo el consejo de la trinidad en la eternidad pasada, en el tiempo presente, en el futuro tanto de esta era como de la venidera.

La salvación es entonces un estado en el que Dios coloca al pecador que Él ha escogido y predestinado en el momento cuando tal elegido escucha el Evangelio de la Salvación y cree en él, arrepintiéndose de sus pecados. La salvación es engendrada como fruto de la regeneración o nuevo nacimiento, que conduce al pecador a la fe y la justificación, junto a otras acciones divinas que se hacen patentes en esa persona, a saber: la propiciación, la redención, la liberación del diablo y del pecado, la adopción como hijos amados de Dios, la santificación, y, la final, la glorificación. Si bien un redimido por la sangre de Cristo no ha sido glorificado totalmente en este tiempo presente, si ha sido ya hecho un hijo de Dios, miembro de la familia de Dios, ciudadano del reino de los cielos y heredero de todas las promesas de Dios, de las cuales ya recibió algunas, incluyendo la investidura del Espíritu Santo que pasa a morar en el convertido.[34]

---

[33] Es la doctrina teológica que trata de la secuencia lógica de los beneficios de la redención logrados por Cristo y aplicados por el Espíritu Santo.

[34] Ver Juan 1.12-14; Efesios 1.1-14; 2.1-10, 19; Romanos 6.1-14; 8.17; Gálatas

Las Doctrinas Básicas de la Fe Cristiana

De las gracias y figuras salvadoras mencionadas, es necesario a este punto agruparlas con relación a la economía divina, para desarraigar cualquier confusión. A saber:

a. La *elección,* que es prerrogativa exclusiva del Padre.
b. La *expiación* y *redención,* que son la obra de Cristo ya consumada.
c. La *iluminación, regeneración,* son obras del Espíritu, aplicada en el tiempo al pecador.

Todas estas son operaciones *monergistas* en el plan salvador. Todo hasta este punto, como se puede notar, ha sido la exclusiva obra de Dios en la salvación de los pecadores.

En lo concerniente a la aplicación personal de la salvación, y luego que el Espíritu ha iluminado y regenerado al pecador elegido, entonces acontece la *conversión* y el *arrepentimiento* que justifican al pecador. Estas operaciones son *sinergistas* que dependen enteramente de las operaciones *monergistas*.

Podemos notar, entonces, que la salvación es una iniciativa divina que se gestó en la eternidad. La salvación descansa completamente en la prerrogativa divina que conduce la obra redentora obrada por Cristo en los amados y predestinados.[35] La salvación es de administración exclusiva de la divinidad. El hombre es salvo completamente por la gracia de Dios. El pago de la redención lo realizó Cristo en su totalidad en la vergonzosa pero bendita cruz. En aquel instrumento de tortura el Cordero de Dios expió los pecados nuestros y propició plenamente la ira de Dios. El Perfecto Sacrificio de Cristo en aquel horrendo Calvario, satisfizo a plenitud toda la demanda divina, que aunque eficaz y redentora solo en los elegidos, presenta ciertos beneficios, no salvadores, que son de alcance universal.[36]

4.7; etc.
[35] Ver Romanos 8.29, 30; Efesios 1.3-10.
[36] La obra de la expiación es eficaz y satisfactoria. Aunque en sus efectos salva-

SUMARIO DE "DOCTRINA CRISTIANA ORTODOXA"

La expiación

La expiación es el fruto del sacrificio de Cristo en la cruz, por la cual se paga el precio del pecado que satisface la demanda divina, generando así la "propiciación" por los pecados de los impíos delante de la divinidad, provocando así un estado de paz con Dios.[37] (Romanos 3.24-25; 1 Juan 2.2; 1 Juan 4.10).

---

dores se limita a los escogidos de Dios, en la vida presente operó favores infinitos, incluso en favor de los réprobos. La cristianización reluce resultados favorables en un sentido universal. Así, por ejemplo, una educación cristiana basta en los países cristianizados, leyes más justas en los países influenciados por la cosmovisión cristiana, instituciones de bien social operadas por los santos que benefician millones de millones de afectados por los efectos del pecado. Esta postura se suele denominar "fullerianismo" en honor a Andrew Fuller, el primer presidente y fundador junto con William Carey en 1972 de la archifamosa *Baptist Mission Society* (BMS).

[37] Es justamente esta fase de la doctrina de la salvación ha dividido el pensamiento soteriológico de la cristiandad. La historia de los bautistas, muy especialmente, está marcada por la posición respecto a este punto. Los bautistas europeos históricos fueron designados "generales" o "particulares", según creyeran respecto de esta doctrina particularmente.

Los bautistas generales, creían en una expiación universal, que se aplica eficazmente al creyente. Para este grupo, la fe surge del individuo, y es el individuo quien determina, a fin de cuentas, si creer o no. Es una especie de semiarrianismo o arminianismo. Algunos bautistas generales suelen afirmar la seguridad de la salvación y la elección, pero no en virtud de la libre gracia de Dios, sino generalmente en base al anticipado consejo de Dios.

Por otra parte, los bautistas particulares creían en la "expiación limitada" o "particular". Este grupo es de soteriología calvinista. Para este grupo, el hombre es pecador tanto por herencia como por decisión, y en tal virtud, está muerto e impedido de decidir los asuntos espirituales.

Los bautistas desde sus inicios han corrido en ambos rieles en cuanto a la doctrina de la salvación, particulares y generales. Estas designaciones están en desuso hoy. Actualmente suelen designarse de formas distintas, 'libres' o 'reformados', 'arminianos' o 'calvinistas', etc. Pero lo que define a un bautista a fin de cuentas no es su soteriología, sino su eclesiología. Casi cualquier asociación o convención de hoy comprende bautistas particulares y generales, y posiciones entre estos extremos de la balanza. La mayoría de las asociaciones y convenciones bautistas hoy comprenden arminianos y calvinistas, particulares y generales, fullerianos, libres, etc.

La redención

La obra que hizo Cristo en la cruz es llamada redención. Redención es un término comercial que significa comprar. De ahí que la obra de gracia que Cristo hizo fue una en la cual pagó el precio que nosotros debíamos pagar por nuestros pecados. El precio de nuestra redención fue la sangre de Cristo. (Romanos 3.21ss; Apocalipsis 5.9; Hebreos 9.12).

La regeneración o nuevo nacimiento

El nuevo nacimiento o regeneración, es el acto del Espíritu Santo en el cual se le otorga al pecador vida espiritual. (Juan 1.10-13; *comp.* Romanos 6.1-14). Alguien la definió así:

> "La regeneración es un acto secreto de Dios en el que nos imparte nueva vida espiritual".[38]

El concepto de regeneración pertenece al Nuevo Testamento. Cuando Jesús nos habla de "nacer del agua y del Espíritu" (Juan 3.5), nos recuerda las palabras de Ezequiel 36.25-27, donde se describe a Dios purificando de manera simbólica a las personas de la contaminación del pecado (por medio del agua) y otorgándoles "un nuevo corazón" al poner su Espíritu dentro de ellas. Puesto que esto es tan explícito, Jesús reprende a Nicodemo, "maestro de Israel", por no comprender cómo se produce el nuevo nacimiento (Juan 3.9, 10). Lo que está indicando todo el tiempo es que no existe ejercicio alguno de la fe en Cristo mismo como Salvador soberano, ni arrepentimiento, ni verdadero discipulado, sin este nuevo nacimiento.[39]

El nuevo nacimiento genera frutos. 1 Juan 2.29; 3.9; 4.7; 5.1, 4 enseña que la fe puesta en la obra de Cristo es evidencia del nuevo nacimiento (de que hemos nacido de Dios).

---

[38] Grudem, Wayne. Doctrina Cristiana. Pág. 300.
[39] Packer, J. I. Teología Concisa. Pág. 165.

SUMARIO DE "DOCTRINA CRISTIANA ORTODOXA"

Una de las más exquisitas explicaciones existentes sobre esta doctrina probablemente sea la que proveyeron los reformados en el sínodo de Dort de 1618-19, en el documento así denominado "Los Cánones de Dort", según sigue:

X. "Pero que otros, siendo llamados por el ministerio del Evangelio, acudan y se conviertan, no se tiene que atribuir al hombre como si él, por su voluntad libre, se distinguiese a sí mismo de los otros que son provistos de gracia igualmente grande y suficiente (lo cual sienta la vanidosa herejía de Pelagio); sino que se debe atribuir a Dios, quien, al igual que predestinó a los suyos desde la eternidad en Cristo, así también llama a estos mismos en el tiempo, los dota de la fe y de la conversión y, salvándolos del poder de las tinieblas, los traslada al reino de Su Hijo, a fin de que anuncien las virtudes de aquel que los llamó de las tinieblas a su luz admirable, y esto a fin de que no se gloríen en sí mismos, sino en el Señor, como los escritos apostólicos declaran de un modo general.

XI. Además, cuando Dios lleva a cabo este Su beneplácito en los predestinados y obra en ellos la conversión verdadera, lo lleva a cabo de tal manera que no solo hace que se les predique exteriormente el Evangelio, y *que se les alumbre poderosamente su inteligencia por el Espíritu Santo a fin de que lleguen a comprender y distinguir rectamente las cosas que son del Espíritu de Dios; sino que Él penetra también hasta las partes más íntimas del hombre con la acción poderosa de este mismo Espíritu regenerador; Él abre el corazón que está cerrado; Él quebranta lo que es duro; Él circuncida lo que es incircunciso; Él infunde en la voluntad propiedades nuevas, y hace que esa voluntad, que estaba muerta, reviva; que era mala, se haga buena; que no quería, ahora quiera realmente; que era rebelde, se haga obediente; Él mueve y fortalece de tal manera esa voluntad para que pueda, cual árbol bueno, llevar frutos de buenas obras.*

XII. Y *este es aquel nuevo nacimiento*, aquella renovación, nueva creación, resurrección de muertos y vivificación, de que tan excelentemente se habla en las Sagradas Escrituras, y que Dios obra en nosotros sin nosotros. *Este nuevo nacimiento no es*

> *obrado en nosotros por medio de la predicación externa solamente, ni por indicación, o por alguna forma tal de acción por la que, una vez Dios hubiese terminado Su obra, entonces estaría en el poder del hombre el nacer de nuevo o no, el convertirse o no. Sino que es una operación totalmente sobrenatural, poderosísima y, al mismo tiempo, suavísima, milagrosa, oculta e inexpresable, la cual, según el testimonio de la Escritura (inspirada por el autor de esta operación), no es menor ni inferior en su poder que la creación o la resurrección de los muertos; de modo que todos aquellos en cuyo corazón obra Dios de esta milagrosa manera, renacen cierta, infalible y eficazmente, y de hecho creen.* Así, la voluntad, siendo entonces renovada, no solo es movida y conducida por Dios, sino que, siendo movida por Dios, obra también ella misma. Por lo cual con razón se dice que el hombre cree y se convierte por medio de la gracia que ha recibido.
>
> XIII. Los creyentes no pueden comprender de una manera perfecta en esta vida el modo cómo se realiza esta acción; mientras tanto, se dan por contentos con saber y sentir que por medio de esta gracia de Dios creen con el corazón y aman a su Salvador".[40]

El Extracto de los Principios resume esta doctrina de forma muy elegante, así:

> "La regeneración es un cambio de corazón, forjado por el Espíritu Santo, que aviva a los muertos en delitos y pecados, iluminando sus mentes de manera espiritual y salvadora para comprender la Palabra de Dios y renovar su naturaleza entera, para que amen y practiquen la santidad. Es una obra de la sola gracia libre y especial de Dios".[41]

---

[40] Cánones de Dort, caps. 2 y 3, párrafos X-XIII. Énfasis mío.
[41] *The Abstracto of Principles.* (Traducción libre del autor).

SUMARIO DE "DOCTRINA CRISTIANA ORTODOXA"

El llamamiento Eficaz
La Confesión Bautista de Fe de Londres de 1689[42] refieren esta doctrina como sigue:

> "A todos aquellos a quienes Dios ha predestinado para vida, y a esos solamente es a quienes le place en el tiempo señalado y aceptado, llamar eficazmente (Romanos 8.30; 11.7; Efesios 1.10); por su palabra y Espíritu (2Tesl. 2.13, 14; 2 Corintios 3.3, 6), sacándolos del estado de pecado y muerte en que se hallaban por naturaleza para darles vida y salvación por Jesucristo. (Romanos 8.2; 2Tim. 1.9, 10; Efesios 2.1-5). Esto lo hace iluminando espiritualmente su entendimiento, a fin de que comprendan las cosas de Dios (Hechos 26.18; I Corintios 2.10, 12), quitándoles el corazón de piedra y dándoles uno de carne, (Ezequiel 36.26), renovando sus voluntades y por su poder soberano determinándoles a hacer aquello que es bueno, (Ezequiel 11.19, Deuteronomio 30.6; *comp.* Ezequiel 36.27), y llevándoles eficazmente a Jesucristo. (Juan 6.44, 45). Sin embargo, ellos van con absoluta libertad, habiendo recibido la voluntad de hacerlo por la gracia de Dios (Cantares 1.4; Salmos 110.3; Juan 6.37).
>
> Este llamamiento eficaz depende de la libre y especial gracia de Dios y de ninguna manera de alguna cosa prevista en el hombre, (2 Timoteo 1.9; Tito 3.4, 5; Romanos 9.11; *comp.* Efesios 2.4-9); el cual es en esto enteramente pasivo, hasta que siendo vivificado y renovado por el Espíritu Santo, (1 Corintios 2.14; Romanos 8.7; Efesios 2.5), adquiere la capacidad de responder a este llamamiento y de recibir la gracia ofrecida y trasmitida en él, (Juan 6.37; Ezequiel 36.27).
>
> Otras personas no elegidas, aun cuando sean llamadas por el ministerio de la palabra (Mateo 22.14) y tengan algunas de las operaciones comunes del Espíritu (Mateo 13.20, 21), nunca vienen verdaderamente a Cristo, y por lo mismo no pueden ser salvas (Juan 6.64-66; 8.24); mucho menos pueden, los que no profesan la religión cristiana, salvarse de alguna otra manera, aun cuando sean diligentes en ajustar sus vidas a la luz de la naturaleza

---

[42] Una copia fiel de la confesión de fe de Westminster de 1647.

y a la ley de la religión que profesa (Hechos 4.12; Juan 14.6; 17.3), y el decir y sostener que lo puede lograr así, es muy pernicioso y detestable (Juan 10.11; Gálatas 1.8)".

El arrepentimiento

El arrepentimiento es la marca visible del llamamiento eficaz. Cuando un pecador escucha *el mensaje del evangelio*, que es el medio ordinario mediante el cual Dios produce tanto el arrepentimiento como la fe por su Espíritu en una persona; en ese momento esa persona entra al redil de Dios, a la familia de la fe, al pueblo redimido de Dios. Las señales más externas del arrepentimiento verdadero son: la profunda pena por el pecado y por haberse reusado antes a servir a Cristo, el bautismo en agua como testimonio público, y una vida transformada.

El término arrepentimiento, que es la traducción de *metanoia*, el sustantivo griego para arrepentimiento, aparece 24 veces en el Nuevo Testamento. Significa "un cambio de mente o actitud". Se trata de algo más que mental; involucra la voluntad y el corazón. (Marcos 1.4, 14-15; Lucas 17.3; Hechos 2.38. Romanos 2.4). Aunque puede involucrar un dolor piadoso, la idea básica es 'un cambio en la dirección de la cosmovisión y la vida de esa persona'. (Hechos 9.1-6). Involucra un cambio de actitud hacia Dios y hacia el pecado. Pasa de odiar a Dios, a amarlo; de amar el pecado, a odiarlo. El arrepentimiento envuelve un cambio de sentimiento, no simplemente con respecto a lo que provoca en el hombre, sino que incluye lo que causa a la persona de Dios.[43]

Generalmente el término griego *metamelomai* significa dolor después de pecar, mientras que *metanoia* (del verbo *metanoeō*) significa dolor antes de pecar. Cuando en el pecador acontece '*metanoeō*' (volverse del pecado a Dios), el Espíritu Santo por su poder habilita a esa persona para que no camine más en el pecado. Aparte de tal experiencia, no puede haber justificación. Este contraste se ve

---

[43] Hobs, Herschel H. What Baptist Believe. Pág. 94.

con claridad en 2 Corintios 7.10. "Porque la tristeza que es según Dios produce arrepentimiento (*metanoia*) para salvación, de que no hay que arrepentirse (*metamelomai*); pero la tristeza del mundo produce muerte". Jesús dijo: "Sino os arrepentís (*metanoeô*), todos pereceréis igualmente".[44]

La justificación

La justificación es el estado de perfección legal en el cual Dios coloca al pecador, la que ocurre en el mismo momento del arrepentimiento y la conversión a Cristo, en la cual Dios le imputa al que cree la mima justicia de Cristo. (Romanos 5.1). La justificación es el acto legal que Dios transa en Jesucristo, a favor del creyente, el cual consiste en declarar inocente al culpable, santo al impío, y limpio al pecador, amparado únicamente en los méritos del Redentor. El pecador se apropia de este estado de justicia por la fe sola, en Jesús solo. De ese modo, la justicia de Cristo le es imputada al pecador que cree en Él.

El Extracto de los Principios resume esta doctrina del siguiente modo:

> "La justificación es la gracia de Dios que otorga completa absolución a los pecadores, que creen en Cristo, de todo pecado, a través de la satisfacción que Cristo ha obtenido; no por nada forjado en ellos o hecho por ellos; sino a causa de la obediencia y la satisfacción que Cristo obtuvo, la cual ellos reciben y descansan en Él y en Su justicia por fe".[45]

La imputación es un recurso legal justo. En la justificación, El Juez Justo declaró culpable a aquel que se adjudicó la culpa por el pecado, a saber, Cristo: "el Cordero de Dios que quita el pecado del mundo" (Juan 1.29), como está escrito: "Mas Jehová cargó en él, el pecado de todos nosotros". (Isaías 53.6b). "Porque también Cristo padeció una sola vez por los pecados, el justo por los injustos, para llevarnos

---

[44] Hobs, Herschel H. *What Baptist Believe*. Págs. 94, 95. (Ver Lucas 13.3)
[45] *The Abstract of Principles*. (Traducción libre del autor).

a Dios, siendo a la verdad muerto en la carne, pero vivificado en el Espíritu". (1 Pedro 3.18.). Así que podemos declarar como Pablo: "Y ser hallado en él, no teniendo mi propia justicia, que es por la ley, sino la que es por la fe de Cristo, la justicia que es de Dios por la fe". (Filipenses 3.9).

La justificación es ese *incomprensible plan de gracia* de la divinidad a favor de los transgresores. Es justísima en virtud de que plenamente satisface la demanda de Dios, a la vez que Él permanece santísimo y justísimo. El pecador es justificado en virtud de la obra sustitutiva que Cristo realizó. (Isaías 53.5).

El sustituto tenía que ser digno, solvente y suficiente. Solo Cristo cumplió con tales requisitos en todo el universo puesto que debía ser Hombre y Dios. La muerte de Cristo no fue la vida de un hombre por un hombre, fue la vida de Dios-hecho-Hombre por los hombres.

Al pecador le es imposible merecer o poder solventar su propia redención o rescate, tanto debido al alto precio que demanda la redención del pecador, como por la completa indignidad de la humanidad caída ante Dios. Por ello, le debe ser suministrada por gracia, a través [solamente] de la fe en Jesucristo, en consecuencia, de la elección divina en la eternidad, en el Amado.[46]

Si bien el decreto de justificación se delibera soberanamente y en el mismo trono de la gracia, no obstante, no es pasiva en cuanto a sus efectos, como tampoco lo son las otras gracias salvadoras, en virtud de la recepción del Espíritu en el creyente; y, si bien la justificación es de carácter forense, lo cierto es que propicia efectos instantáneos y consecuentes en el justificado, que operan en conjunto con el resto de los dones salvadores. No que la justicia genere mérito alguno en el justificado, sino que pone al pecador en una posición privilegiada ante Dios, por la imputación de la justicia de Cristo al creyente. Es una gracia necesaria para gozar de tal postura ante Dios, por lo cual

---

[46] Ver Efesios 1.3-8.

dice la Palabra: "Justificados, pues, por la fe, tenemos paz para con Dios por medio de nuestro Señor Jesucristo". (Romanos 5.1)

Al momento de la justificación por la fe, el pecador ha sido ya regenerado y libertado; y mediante esa misma fe que obró tal justicia, se propicia en los elegidos la aplicación de la redención, la santificación, la adopción, y la glorificación. Todos estos dones salvadores son operados como fruto de la recepción del Espíritu Santo en el regenerado, y el don de la fe impartida por el mismo Espíritu que regenera, es la que conduce a la conversión y al arrepentimiento, al ser deliberado y recibido el mensaje del evangelio por el redimido.

La adopción

La adopción es un beneficio y una gracia otorgada por el Padre a los santificados en el Amado. La adopción esclarece la doctrina de la Paternidad de Dios. La paternidad de Dios es una de las más gloriosas doctrinas reveladas en el Nuevo Testamento, que había sido anunciada en el Antiguo Testamento, y que Cristo hizo patente. En ella se nos dice que "Dios es nuestro Padre", y el Señor Jesucristo "nuestro Hermano". Quizás no haya una noticia más impactante, trascendental y generadora de gozo para el creyente que saber que es hecho "hijo de Dios", y, por tanto, "heredero juntamente con Cristo de todas las cosas".

Para poder adoptarnos como sus hijos amados (ya que antes éramos hijos de ira y condenación), en su plan, Dios decidió hacerse hombre en la persona de Su Hijo Jesucristo, nuestro Señor y Redentor; y tuvo que dotarnos con su misma naturaleza, haciéndonos participantes de ella, por el Espíritu que nos ha dado, con el cual nos ha regenerado y sellado.[47]

---

[47] Ver Juan 1.10-13; Efesios 1.11-14; Romanos 8.9, 15, 23; Gálatas 3.2; Hechos 19.2; 1 Corintios 2.12, 13; Efesios 3.16; 2 Pedro 1.4.

La adopción resulta una gracia absolutamente necesaria. En tanto que la justificación es judicial, y por tales razones, de carácter impersonal; del mismo modo, la regeneración es espiritual, es decir, un cambio de naturaleza, por tanto, una obra de re-creación. En el mismo orden, la adopción como hijos, en el Amado, siendo de carácter filial, nos coloca en una relación familiar ante Dios. Nos hace hijos del Padre, hermanos de Jesucristo y receptores del Espíritu Santo. Esto es glorioso y digno de toda admiración y alabanza. Nosotros, enemigos de Dios por el pecado, en Cristo somos reconciliados como amigos e hijos de Dios, para siempre. (Romanos 8.15; Romanos 8.17; Gálatas 4.7; Juan 1.12; Efesios 1.5; Tito 3.7).

La adopción es uno de los tantos beneficios de la gracia que nos es otorgada por Dios en Cristo. Podríamos decir que es un beneficio potenciado por la regeneración, consumado en la conversión, junto con la justificación y la santificación.

Sin la adopción, nuestras oraciones serían menos eficaces. Es en calidad de hijos que Dios atiende a nuestras súplicas. Por ello, al presentarnos ante Dios en oracion y ruego, lo invocamos diciendo: "Padre nuestro".[48] Y puesto que somos hijos, también somos herederos de todas las cosas; todo es nuestro. (Gálatas 4.7; Romanos 8.17, 32; 1 Corintios 3.21, 22). Y una muestra de ello es el adelanto o la garantía que el Padre nos ha dado a los escogidos, "su Espíritu Santo", que mora en nosotros los creyentes.[49]

No es por haber sido justificados o santificados que heredamos del Padre, es por haber sido regenerados y adoptados por el Padre, por Su Espíritu, en Cristo.

---

[48] Ver Mateo 6.9; Romanos 1.7; Efesios 1.3, 15-17; 3.14.
[49] Ver Hechos 1.4, 5; 2.38; Efesios 1.13, 14; Romanos 5.5.

SUMARIO DE "DOCTRINA CRISTIANA ORTODOXA"

La santificación

La santificación es obrada por el Espíritu, por la fe. Por eso dice la Escritura: "Pero nosotros debemos dar siempre **gracias a Dios** respecto a vosotros, hermanos **amados** *por el Señor*, de que *Dios os haya* **escogido** desde el principio *para* **salvación**, *mediante* **la santificación** por **el Espíritu** y la fe en **la verdad**, [14]a lo cual **os llamó** *mediante* nuestro **evangelio**, para alcanzar **la gloria** de nuestro Señor Jesucristo". (2 Tesalonicenses 2.13, 14)

La santificación, o el apartamiento divino, en primera instancia, es un asunto instantáneo, que surge del arrepentimiento, la justificación y la consecuente habitación del Espíritu Santo en el Creyente. El aspecto moral de la santificación es implicado en el estado posicional en que es colocado el santificado, pero resulta secundario, aunque solemos colocarlo en primera instancia. Es en este sentido que somos "llamados" por el mismo Dios a ser santos (Levítico 11.14; 20.7; 1 Pedro 1.15, 16; 1 Pedro 2.5; 1 Corintios 1.2 -este último texto presenta ambas realidades de la santidad), y significa "moralmente perfectos". (Mateo 5.48). Ésta doctrina clásicamente se presenta como una que contiene tres etapas (santificación inicial, santificación progresiva y glorificación o santificación final o absoluta).

En las Escrituras, tanto del Antiguo como del Nuevo Testamento, se le llama santos y amados de Dios a todos los herederos de la promesa.[50] Aunque a menudo se presenta como un proceso en los escritos evangélicos, y de hecho tiene un aspecto progresivo, no debemos restar importancia a la santificación inicial, la cual define y establece la santificación como un mandato y un proceso.

El rigor del mandato bíblico a la santificación se corresponde con el llamado a vivir vidas consagradas para Dios. Y vemos que en ello hay una capacidad dada, la cual está intrínsecamente ligada a la madurez o la perfección en el conocimiento de Dios; teniendo como fundamento la regeneración y la conversión. (Proverbios 1.1-7; Efesios 4.1-17. *Cf.* Romanos 6.1-14)

---

[50] Ver, p. ej., los versos introductorios a la mayoría de las cartas paulinas del NT. Ver Romanos 1.7; 15.16, 25, 25, 31; 16.2, 15; 1 Corintios 1.2.

El pregón de Dios a sus santos es:

"*Sean santo como yo soy santo*".

La glorificación

La glorificación final implica una reincorporación (adquisición de cuerpos nuevos y regenerados) de los muertos en Cristo de toda la historia, y una transformación de los cuerpos de los creyentes que estén vivos al momento de la venida de Cristo. (1 Tesalonicenses 4.13-5.11). Es a este acto sobrenatural y poderoso de Dios, que está por verse en la historia venidera, que se le conoce con el nombre de "glorificación" final.

Entre tanto sucede la glorificación final de los regenerados (que será un día en la historia por venir), los santos en vida hemos sido llamados a vivir para Dios. El proceso de crecimiento en la vida cristiana se conoce como crecimiento o madurez espiritual, también se le llama, a menudo, santificación progresiva, o simplemente santificación.

Aunque la salvación es un regalo que procede cien por ciento de Dios (de pura gracia), está misteriosamente ligada al amor de Dios, al decreto eterno de Dios (su elección y predestinación), al eterno poder de Dios, al eterno propósito de Dios, a la obra redentora de Cristo en la Cruz, a la acción de su Espíritu Santo (quien convence a los hombres de pecado, justicia y juicio), al obrar de Dios en los corazones de los hombres, a la predicación del evangelio de Cristo (el medio ordinario que conduce al resultado extraordinario de la regeneración del pecador), al uso de los sentidos físicos y espirituales de los hombres (especialmente el oír), y a la voluntad del hombre llamado (pues el que no creyere queda condenado); Dios ha dispuesto tanto los fines como los medios para lograr sus propósitos eternos, incluyendo su plan redentor, para su eterna gloria. (Ver Efesios 1.3-2.10; 3.14-17).

SUMARIO DE "DOCTRINA CRISTIANA ORTODOXA"

Por todo ello, aunque la salvación es exclusividad de Jehová de principio a fin (Jonás 2.9; Efesios 1.3-10; Apocalipsis 7.10; Romanos 9), y para la cual, evidentemente nadie le dio consejo jamás, también debemos estar claros que Dios la administra y la dispensa conforme a sus propósitos. Tales realidades no deberían ser vistas como una pugna o paradoja entre los planes de Dios y la decisión humana, pues Dios ha dispuesto tanto las causas y los medios, como también los fines. (1 Corintos 4.7; Apocalipsis 13.8; Efesios 1.3-5; Romanos 8.29; 9.20; 1 Pedro 1.19-21; Gálatas 3.18, 19). Permanecen en el renglón de los misterios de Dios la realidad de la impartición de la fe salvadora, tanto como la manera como Dios nos imparte su Espíritu. Pues la fe nos es dada por el Espíritu, a la vez que el Espíritu lo recibimos por la fe.

La fe y la salvación, y las acciones que en respuesta acompañan a estas dádivas en el regenerado, son fruto exclusivo de la gracia de Dios. (Efesios 2.8-10)

La perseverancia de los santos

Todos los verdaderos creyentes perseverarán hasta el fin. Aquellos a quienes Dios ha aceptado en Cristo y santificado por su Espíritu, jamás caerán del estado de gracia, sino que perseverarán hasta el fin. (Romanos 8.29, 30). Los creyentes pueden caer en pecado por negligencia y tentación, por lo cual contristan al Espíritu, menoscaban sus virtudes y su bienestar, y traen reproche a la causa de Cristo y juicios temporales sobre sí mismos (1 Corintios 11.17ss); sin embargo, ellos serán guardados por el poder de Dios mediante la fe para salvación. (Ver Juan 10.28, 29; Romanos 8.28-31; etc.)

La Segunda Confesión de fe de Londres de 1689, en su párrafo segundo, refiere lo siguiente sobre esta doctrina:

> "Esta perseverancia de los santos depende no de su propio libre albedrío (Filipenses 2.12,13; Romanos 9.16; Juan 6.37, 44), sino de la inmutabilidad del decreto de elección (Mateo 24.22, 24, 31; Romanos 8.30; 9.11, 16; 11.2, 29; Efesios 1.5-11), que fluye del

amor libre e inmutable de Dios el Padre, sobre la base de la eficacia de los méritos y la intercesión de Jesucristo y de la unión con Él (Efesios 1.4; Romanos 5.9,10; 8.31-34; 2 Corintios 5.14; Romanos 8.35-38; 1 Corintios 1.8,9; Juan 14.19; 10.28, 29), del juramento de Dios (Hebreos 6.1-20), de la morada de su Espíritu, de la simiente de Dios que está en los santos (1 Juan 2.19, 20, 27; 3.9; 5.4, 18; Efesios 1.13; 4.30; 2 Corintios 1.22; 5.5; Efesios 1.14), y de la naturaleza del pacto de gracia (Jeremías 31.33, 34; 32.40; Hebreos 10.11-18; 13.20, 21), de todo lo cual surgen también la certeza y la infalibilidad de la perseverancia".

El número de los redimidos

Si bien es cierto que el hecho mismo de la elección implica un número determinado (Apocalipsis 6.11; 20.4; Romanos 8.33; Lucas 20.35; Daniel 12.2), los redimidos por Cristo corresponden a una multitud incontable de todas las tribus, naciones y lenguas. (Apocalipsis 5.9; 7.9; 14.6).

En virtud de este conocimiento, no debemos pensar que la obra de redención sea un logro minúsculo ni para unos pocos. Tampoco deberíamos creer que debido a su carácter universal (de toda tribu, lengua y nación), implique un "universalismo".[51]

Aunque el "aniquilacionismo"[52] no contradeciría, en el fondo, la doctrina de la salvación eterna de los redimidos (Isaías 45.17; Daniel 12.2, 3; Juan 5.24; Hebreos 5.9; 2 Timoteo 2.10), sí mutila el testimonio de las Escrituras que establece la condenación eterna de los réprobos, en un infierno eterno, a pesar de los grados de castigos de que da fe la Biblia. (2 Tesalonicenses 1.9; Mateo 18.8; 25.41; Judas 7; Apocalipsis 14.11; 19.2-3; 20.10).

---

[51] El *universalismo* es la herejía que propone una salvación de cada individuo de la existencia de la historia. Los neo-ortodoxos suelen ser universalistas, y muchos liberales albergan una idea semejante.

[52] El *aniquilacionismo* es la doctrina que propone que los reprobados de Dios serán aniquilados, relegados a una inexistencia eterna. Esta es la fe común de los adventistas, testigos de Jehová, entre otras sectas; pero también es albergada por personas que se llaman a sí mismas ortodoxas, a la vez que por muchos liberales.

SUMARIO DE "DOCTRINA CRISTIANA ORTODOXA"

Entre otros tantos asuntos, esta doctrina es gloriosa porque nos da fe de su carácter universalista, en el sentido de la no acepción de personas de parte de Dios, pues salvará de ambos sexos, de todas las edades, de todas las etnias y de todos los renglones sociales habidos y por haber. También resulta gloriosa por el hecho de que el número de los redimidos será astronómico, incontable, millones de millones de seres humanos. ¡Aleluya! ¡La salvación es de Jehová! ¡Amén!

La procedencia y la longevidad de la gracia de la salvación
Aunque la salvación concreta otorgada una persona tiene un comienzo, el día que vino a Cristo en arrepentimiento y fe (Juan 1.12, 13; Juan 6.40; Efesios 1.12-14); la salvación desde la perspectiva divina es de carácter eterno en cuanto al pasado, pues Dios no solo separó el Único Sacrificio Perfecto, el Cordero de Dios que quita el pecado del mundo, su Hijo Unigénito, desde antes de los tiempos de los siglos (1 Pedro 1.19-21; Efesios 1.4, 5; Apocalipsis 13.8); sino que "nos escogió en Él" desde antes de la fundación del mundo igualmente. (Efesios 1.3-7; 2 Timoteo 1.9; 1 Pedro 1.2; Salmo 22.10; Gálatas 1.15). Esto le imprime un carácter eterno a la salvación como tal. En la mente de Dios todo se gestó en la eternidad y hacia la eternidad.

No obstante, en lo que respecta a la duración de la salvación, es una gracia dada por la eternidad futura. El salvado lo es en Cristo para la eternidad. (Isaías 51.8; Daniel 12.2, 3; Juan 6.40; 17.3; 1 Juan 2.25). El salvo por Cristo no puede caer de ese estado de gracia en virtud de la elección divina. Por el contrario, aquellos a quienes Dios ha sacado de las tinieblas a la luz, que ahora pertenecen a su rebaño, son ovejas obedientes que oyen y siguen la voz de Cristo, y nadie las arrebatará jamás de sus manos (Juan 10.27, 28; Isaías 54.17), *"ni lo alto, ni lo profundo, ni ninguna otra cosa creada nos podrá separar del amor de Dios, que es en Cristo Jesús Señor nuestro"*. (Romanos 8.39).

Así que aquellos a quienes Dios conoció o amó, también los llamó; y a quienes llamó, también los predestinó para que fuesen adoptados hijos suyos, según su determinada y amorosa voluntad con la que nos acepta en Cristo. (Romanos 8.29; Efesios 1.4, 5, 11). Y aunque todos pecamos en Adán, y por tal razón morimos (1 Corintios 15.22; Romanos 5.12), estamos muertos en nuestros delitos y pecados. (Efesios 2.1-4; Romanos 5.8). Los creyentes somos vivificados en Cristo (1 Corintios 15.22; Romanos 5.19). Toda esta gracia procedentes totalmente de la divinidad Dios (Jonás 2.9), y nos la ofreció en Cristo, por la fe en su Evangelio de gracia (Efesios 1.11-14), habiéndonos llamado con llamamiento santo e irresistible (2 Timoteo 1.9; Hebreos 3.1; Romanos 9.19; Jeremías 49.19), nos rindió a su voluntad en el Amado (Efesios 1.4, 5), para la alabanza de la gloria de su gracia (Efesios 1.5, 10, 11). Dios mismo nos ha dado a conocer sus designios y su voluntad en Cristo. (Efesios 1.9; 1 Corintios 2.10; Romanos 12.1, 2; 1 Timoteo 3.14-16).

Lo único que aportamos los pecadores en la obra redentora divina es nuestra vergüenza, nuestros pecados, nuestra miseria y nuestra confusión. Todo cuanto tenemos lo recibimos de Dios, incluso la fe, la salvación, la capacidad para las buenas obras, los dones, el llamamiento y toda cosa buena (Efesios 2.5-10; Gálatas 5.20; 1 Corintios 4.7), de tal suerte que no debe haber ninguna jactancia en ningún ser humano ni por lo que tiene ni por lo que es en Cristo, porque todo viene de Él, es por Él y para Él, por todos los siglos. ¡Amén!

Como hemos podido observar, la salvación es de pura gracia. La fe juega un papel incalculable en el logro de Cristo de salvar a los pecadores. No solo "sin fe es imposible agradar a Dios", sino que por ella es la regeneración, la justificación, la iluminación, entre otros beneficios de la fe.

Nunca confundamos al Redentor con la fe. Pero nunca olvidemos el valor y el rol de la fe en la salvación, en tanto una gracia divina. La salvación que Dios otorga al pecador en Cristo es por gracia, por medio de la fe, para todo aquel que cree. Nunca ha sido, es, ni será por obras, es de pura gracia.

SUMARIO DE "DOCTRINA CRISTIANA ORTODOXA"

A resumidas cuentas, en lo concerniente a las doctrinas salvadoras, las operaciones obradas por Cristo en la economía redentora divina son: la *expiación y la propiciación,* que son de carácter ceremonial; la *redención*, de índole comercial; y la *liberación*, que es del orden militar (y nacional). De las operaciones del Espíritu Santo: la *regeneración* es sustancial (de naturaleza); la *justificación* es de carácter legal; la *adopción* es filial (nos coloca en una relación especial, de Padre-hijos con Dios, y de hermanos con Cristo); y el *perdón* es un indulto del ofendido (Dios), en virtud de la operación de rescate y redención obradas por Cristo. La *santificación*, entonces, es una acción de carácter posicional; es decir, nos coloca en una posición de distinción ante Dios (Dios mira al santificado como tal), en ese orden guarda una relación estrecha con la justificación, de hecho, algunos teólogos han confundido ambas gracias.

¡Glorificado sea sempiternamente el nombre de Cristo nuestro Señor para la sola gloria de Dios, por darnos a entender lo que de sus misterios puede ser entendido por nosotros los hijos de los hombres! ¡Amén!

LA FE SALVADORA

Según las Sagradas Escrituras, **la Fe es una *capacidad* de procedencia divina, cuyo autor y consumador es Cristo.** Es una *sustancia o esencia espiritual* prometida y destinada por la gracia de Dios para ser impartida a los escogidos como un don divino. Es suministrada e infundida por el Espíritu Santo a los hombres y mujeres por el oír el evangelio. Al mismo tiempo, la fe es un contenido enunciativo y normativo, sin que se convierta en un producto meramente metafísico en sí mismo; pues se trata tanto del enunciado de la voluntad divina, concentrada en su plan redentor, como también del cumplimiento de las promesas hechas por Dios en sus pactos con los hombres. En lo concerniente al "contenido" de la fe, en esencia es, "creerle a Dios", en contraste con "creer en Dios". El don de la capacidad (implantado por el Espíritu) y el contenido declarativo (el evangelio) que conforman la fe salvadora caminan juntos e indivisibles, persiguiendo el mismo fin y propósito, a saber, la salvación de los pecadores. Por eso, alguien puede creer en Dios (las declaraciones reveladas) y al mismo tiempo no ser regenerado, como sucede con los demonios, por ejemplo, o como muchos en las Escrituras, como el caso del rey Agripas, según Hechos 26.27.

Por el decreto de Dios, aquellos hombres y mujeres que en su momento son atraídos a confiar en Dios y su Palabra y a "temer" a Dios, reciben por el Espíritu una *capacidad* para poder ver la gloria de Dios en la faz de la hermosura de Jesucristo, el único objeto de la Fe Salvadora, arrepentirse de sus pecados, gozarse en Dios y sus dones, vivir en la agradable y perfecta voluntad de Dios y esperar en sus muchas promesas.

En esencia, se trata de *una facultad, una virtud* y *una capacidad espiritual* para obrar en justicia, amor y verdad ante Dios y los hombres; y que a la vez propicia el fortalecimiento y el crecimiento en el conocimiento del Santo y la esperanza de la vida eterna, según lo comprenden las Escrituras. La fe está intrínseca e inseparablemente ligada al evangelio de Cristo, al igual que al mismo Cristo.

SUMARIO DE "DOCTRINA CRISTIANA ORTODOXA"

Por ello Pablo utiliza el vocablo: *"venida la fe"* (Gálatas 3.23, 25), y *"la fe de* (genitivo) *Cristo"*, y *"la fe del evangelio"*. (Romanos 3.22, 26; Gálatas 2.5, 16; Filipenses 1.27; 3.9).

La fe no solo se arraiga en las Escrituras, sino que al mismo tiempo provoca una profunda convicción de la veracidad, inerrancia, inspiración y necesidad de las Escrituras y su comprensión; a la vez que un intenso amor por ellas.

La fe infunde una espantosa convicción de pecado en el regenerado que los conduce a gritos desesperados por su condición, una vez comprendido el evangelio, que trae a ese pecador, y solo a ese, rendido a los pies de Cristo en busca de paz, consuelo y liberación del pecado; y de igual modo, ese creyente es **santificado** instantánea y seguidamente por el Espíritu que viene a habitar en él por la misma fe. (Gálatas 3.14; Efesios 1.12-14; Romanos 5.5; Juan 1.12, 13; 3.3, 5).

Aunque la fe sufre grados y puede ser debilitada o fortalecida, esta fe en Cristo (salvadora, justificadora y santificadora) y la acción del Espíritu que la engendra en el creyente, mantendrá a tales creyentes firmes en la esperanza de gloria y victoriosos ante el mundo, el pecado y el diablo.

Debemos precisar aquí que: **"Sin [esa] fe es imposible agradar a Dios"**; Por lo cual: **"El justificado por la fe, por ella vivirá"**. (Romanos 1.17; Gálatas 3.11).

La confesión de fe de **Westminster** establece sobre la fe:

> **La gracia de la fe**, por la cual se *capacita* [note que se trata de *una capacidad*] a los elegidos para *creer para la salvación* de sus almas (Hebreos 10.39), **es la obra del Espíritu de Cristo en sus corazones** (2 Corintios 4.13; Efesios 1.17-19; 2.8), y **es hecha ordinariamente por el ministerio de la palabra** (Romanos 10.14, 17); también por la cual, y por la administración de los sacramentos y por la oración, **se aumenta y se fortalece.** (1 Pedro 2.2; Hechos 20.32; Romanos 4.11; Lucas 17.5; Romanos 1.16, 17).

> Por esta fe, **un cristiano cree que es verdadera cualquier cosa revelada en la Palabra,** porque la autoridad de Dios mismo habla en ella (Juan 4.42; 1 Tesalonicenses 2.13; 1 Juan 5.10; Hechos 24.14); y esta fe actúa de manera diferente sobre aquello que contiene cada pasaje en particular; **produciendo obediencia hacia los mandamientos** (Romanos 16.26), temblor ante las amenazas (Isaías 66.2), y **abrazando las promesas de Dios** para esta vida y para la que ha de venir (Hebreos 11.13; 1 Timoteo 4.8). Pero **los principales hechos de la fe salvadora son: aceptar, recibir y descansar solo en Cristo para la justificación, santificación y vida eterna, por virtud del pacto de gracia.** (Juan 1.12; Hechos 26.31; Gálatas 2.20; Hechos 15.11).[53]

La fe es absolutamente necesaria para que un ser humano pueda comenzar a ver las realidades de Dios, del cosmos y la vida en sus justas y necesarias medidas. Es por la fe que un creyente elabora una 'cosmovisión' bíblica de vida y práctica. En la declaración de Cristo: "El que no naciere de nuevo, no puede *ver*...".[54] Confina al no regenerado a las densas y tenebrosas tinieblas. Los perdidos no pueden ver. La negrura de sus pecados les blinda de la belleza y la gloria de Dios y sus obras. Pero, por la gracia de Dios, muchos de tales pecadores verán la luz y les resplandecerá la gloria de Dios en la faz de Jesucristo.

La conclusión bíblica es que el Espíritu Santo imparte la fe en los escogidos de Dios, por la predicación del evangelio, y ésta a su vez engendra y alimenta, por el mismo Espíritu, las otras virtudes necesarias y vitales, a saber, el amor, el gozo, la paz, la paciencia y la esperanza. Por la fe entendemos y apreciamos la verdad de Dios, sus planes, sus leyes, sus promesas y sus dones. La fe nos capacita para la piedad. Y en sumatoria, el objeto de la fe salvadora es Jesucristo el Hijo de Dios, nacido de mujer, de la estirpe de David y simiente de

---

[53] Confesión de Fe de Westminster, cap. 14. (http://www.iglesiareformada.com/Confesion_Westminster.html). Énfasis añadido.
[54] Ver Juan 3.3, 5. Consulte Hodge, Teología Sistemática (*Op. Cit.*), en donde propone una analogía de la fe que es como cuando un ciego comenzar a ver. (Ver Tomo II, pág. 305).

SUMARIO DE "DOCTRINA CRISTIANA ORTODOXA"

Abraham, quien ministró entre los hombres en su tiempo, fue crucificado, muerto y sepultado, y resucitó al tercer día por el Espíritu, ascendiendo al cielo como Señor y Cristo, sentándose a la diestra de la Magnífica Gloria de Dios, luego de haberse aparecido a los apóstoles y a varios otros creyentes contemporáneos a los apóstoles (Mateo 28.18ss y paralelos; Romanos 1.2-7; Hechos 1.1-8); y desde aquella majestad gloriosa volverá, al tiempo señalado por el Padre, para culminar el plan y los propósitos eternos y redentores de Dios.

LA FE Y LA SALVACIÓN

Anteriormente referimos el *ordo salutis*. Sobre este asunto, Romanos 8.29-30 reza como sigue:

> "Porque a los que antes *conoció*, también los *predestinó* para que fuesen hechos conformes a la imagen de su Hijo, para que él sea el primogénito entre muchos hermanos. [30] Y a los que *predestinó*, a éstos también *llamó*; y a los que *llamó*, a éstos también *justificó*; y a los que *justificó*, a éstos también *glorificó*".[55]

El flujograma del "orden de los decretos" salvadores del Soberano, no podía ser más claro, aunque en líneas generales. Sería: "A los que":

[Amó[56] → Predestinó → Llamó → Justificó → Glorificó]

La elección divina, en el amor de Dios en Cristo Jesús, provoca el llamamiento eficaz a los escogidos; y entonces, esos escogidos son "justificados" por "la fe".

Recordemos que "la justificación" es por "la fe", porque dice: "justificados pues por la fe". Es decir, que la fe salvadora opera entre "el llamamiento" y "la justificación".

Fijémonos que en el flujo del orden salvador presentado en Romanos 8.29, 30, no se menciona la obra del Hijo (ni la expiación ni la redención), pero se asumen. No obstante, en cierto modo, la obra del Hijo es asumida y resumida en "la *justificación*".

---

[55] Énfasis mío.
[56] "A los que antes conoció", acorde a la etimología del término y al contexto del texto de Romanos 8.28ss, significa literalmente "a los que antes amó". Es de ahí la pregunta: ¿Quién nos separa del amor de Cristo? y: "Ninguna otra cosa nos podrá separar del amor de Dios".

SUMARIO DE "DOCTRINA CRISTIANA ORTODOXA"

La obra del Padre es eterna y continúa vigente: "nos predestinó" –"desde antes de los tiempos de los siglos". Pero fijémonos el propósito de la predestinación: "Para que fuésemos hechos conforme a la imagen de su Hijo". En otras palabras, la elección fue en el Amado, para el bien de los escogidos.

La obra del Espíritu se nos resume aquí en "el llamamiento".[57] La confesión de Westminster conglomera la obra del Espíritu, como era común en la teología reformada, en la doctrina de "el llamamiento eficaz".

Entre la obra del Espíritu y la justificación es que entra en acción la fe. La regeneración, es entonces, una obra del Espíritu, pero distinta a la llenura del Espíritu. El recibimiento, sellamiento, bautismo o llenura del Espíritu sucede como fruto de la fe. La fe justifica al impío y lo hace apto para la receptoría del Espíritu. Sin embargo, la regeneración ya ha acontecido en una persona al momento de la fe, y, por tanto, de la conversión y del arrepentimiento, y de la justificación y de la santificación.

Entonces, la fe salvadora es una obra del Espíritu que antecede a la justificación, pero que procede de la regeneración espiritual. La salvación es por gracia, pero es por medio de la fe. La fe es un don de Dios, como hemos puntualizado detalladamente en este tratado.

En la regeneración se nos abren los ojos para ver la luz. Nuestra visión espiritual comienza a ver y a entender los asuntos del Reino de Cristo. En la regeneración espiritual somos iluminados y eficazmente llamados por Dios. La regeneración da a luz la fe, puesto que son abiertos nuestros ojos para ver la gloria de Cristo, avivadas nuestras afecciones para poder gustar de Cristo y su Palabra, y es renovada nuestra voluntad para desear a Cristo. (Ver Juan 1.13; 3.3, 5; Tito 3.4-7).

---

[57] Ver el llamamiento eficaz en este libro.

No debería ser chocante a nuestra mente esta manera de obrar de Dios, puesto que "la salvación es del Señor". Y siendo la salvación una obra soberana de principio a fin, Dios no solo sabía anticipadamente sobre este asunto, sino que estableció el modo como los "muertos en sus delitos y pecados" habrían de ser eventualmente conducidos hacia Él. (Ver Efesios 2.1-9). De tal suerte que la salvación no es solo una gran obra de Dios, sino que Él también trazó el perfecto plan salvador, estableció el número de los escogidos de antemano, provoca que las cosas sucedan como Él las planificó, y administra el plan según su beneplácito y para su propia gloria. (Consulte Efesios 1.3-14)

Por otra parte, la obra de Dios en favor del pecador no demanda la habitación divina en dicho ser humano. La predestinación, p.ej., no implica ninguna infusión divina en el elegido. La expiación en favor de los pecadores fue consumada antes que la gran mayoría de los beneficiados siquiera existiéramos. Del mismo modo, la obra del Espíritu en los escogidos no siempre implica Su morada en el beneficiado, aunque si implica Su acción y operación.

La habitación del Espíritu en los creyentes es un don. La recepción del Espíritu en el creyente es un "adelanto" (y una garantía) a lo que seremos exaltados en la era venidera. A dicha extraordinaria gracia le antecede toda una serie de dones salvadores, incluyendo el llamamiento eficaz y la regeneración. ¡Es sorprendente, pero cierto!

Entre las obras de la gracia salvadora denominadas 'el llamamiento eficaz (incluyendo la regeneración espiritual)', y 'la justificación', se encuentra el don de la fe. La fe resulta de la obra de regeneración espiritual, y esta conduce a la justificación, bien que ambos lados de la obra del Espíritu se dan siempre en la atmósfera de la predicación del evangelio. Es después del "nuevo nacimiento", una obra del Espíritu de Dios en los pecadores, y gracias al don de la fe que imparte el mismo Espíritu en los regenerados, gracias al decreto divino; que en el momento que tales hombres y mujeres son expuestos al Evangelio de Jesucristo, ellos creen en Cristo como Señor y

SUMARIO DE "DOCTRINA CRISTIANA ORTODOXA"

Rey, convirtiéndose a Él y arrepintiéndose de sus pecados. En ese preciso momento en que tales hombres y mujeres creen en Cristo, son justificados, santificados y bautizados o sellados con el Espíritu Santo. (Juan 7.39; Hechos 2.38; Efesios 1.13, 14). ¡Aleluya!

Esto puede parecer extraño a la mente moderna, incluso a los creyentes; pero es justamente lo que puede ser discernido y sistematizado en el texto bíblico.

Obsérvelo desde otro pasaje que explica el mismo orden, quizás con algún grado mayor de detalles:

> "Pero nosotros debemos dar siempre **gracias a Dios** respecto a vosotros, hermanos **amados** por el Señor, de que *Dios os haya* **escogido** desde el principio *para* **salvación**, *mediante* **la santificación** por **el Espíritu** y la fe en **la verdad**, [14]a lo cual **os llamó** *mediante* nuestro **evangelio**, para alcanzar **la gloria** de nuestro Señor Jesucristo". (2 Tesalonicenses 2.13, 14, énfasis nuestro).

- [EL DEBER NUESTRO ES]: "dar siempre gracias *a Dios*"...
- [¿POR QUÉ?] Porque **en "su amor"** [CAUSA] "**nos escogió**" [ACCIÓN].
- [¿CUÁNDO NOS ESCOGIÓ DIOS?]: "*desde* **el principio**" (que en Efesios 1 apunta a 'desde antes de la fundación del mundo'.
- [¿QUÉ PROPÓSITO PERSIGUIÓ DIOS CON LA ELECCIÓN?]: "*para* **salvarnos**".
- [EL MEDIO USADO POR DIOS]: "**La santificación**" *por el Espíritu* y "**la fe** en **la verdad**", a la cual "les **llamó**" mediante "el **evangelio**".
- [PROPÓSITO FINAL]: "*para* **alcanzar la gloria** de ***nuestro Señor Jesucristo***".

Un texto no podía ser más explícito que este respecta de las causas, los propósitos, los deberes y los fines. *Nuestro deber es* siempre **DOXOLÓGICO**, dar siempre gracias, bendecir y santificar a Dios. Esto lo hemos de hacer de diversas maneras, a saber: orando, proclamando el evangelio, cantando, dando testimonio viviente, haciendo las obras de misericordia que Dios nos encomendó. (Ver también Efesios 1.3ss; 2.8-11; Mateo 6.9, 10; etc.)

La causa de **LA SALVACIÓN** es **la elección** en *el eterno amor de Dios* por sus escogidos.

Los medios son: (1) **LA SANTIFICACIÓN** *por el Espíritu*, y (2) **LA FE** en la verdad (a la cual nos **LLAMÓ** mediante el evangelio).

Con *el propósito final* de **LA GLORIFICACIÓN**, que consistirá en habitar para siempre en la magnífica gloria en la que se encuentra *nuestro Señor Jesucristo*; pues Dios se ha propuesto el reunir todas las cosas en Cristo en el cumplimiento de los tiempos, para la alabanza de la gloria de su gracia. (Ver Efesios 1.10, 11).

Desde el principio, Dios ha manifestado su gloria. El propósito final de Dios será manifestar su gloria. (*Conf.* Efesios 1.3-10; Mateo 6.9, 10).

Tenemos que concluir diciendo aquí que "la salvación es de Jehová" desde y hasta la eternidad. Que los beneficiados somos aquellos: "A quienes Dios conoció [amó] desde antes, a los que luego predestinó, y luego llamó, y luego justificó; para que fuésemos hechos conforme a la imagen de su Hijo". (Revise Romanos 8.29, 30; Efesios 1.3-11; Jeremías 31.3).

¡A Dios sea la gloria, el honor, el imperio por los siglos de los siglos, por sus muchos beneficios en favor de pecadores irreverentes! ¡Amén!

SUMARIO DE "DOCTRINA CRISTIANA ORTODOXA"

LA LEY DE DIOS

La ley de Dios que se registra en las Sagradas Escrituras comprende los estándares de Dios para el hombre, especialmente para Su pueblo escogido. Tal ley es amplia, pero está resumida en los así conocidos "Los 10 Mandamientos", que rezan:

> **1ro.** *No tendrás otros dioses, sólo a Mí.*
> **2do.** *No te harás imagen de ninguna cosa existente en el universo con el fin de adorarla.*
> **3ro.** *No tomarás el nombre de YaHWeH tu Dios en vano.*
> **4to.** *Acuérdate del Sabbat para santificarlo.*
> **5to.** Honrarás a tu padre y a tu madre.
> **6to.** No matarás.
> **7mo.** No adulterarás.
> **8vo.** No robarás.
> **9no.** No mentirás ni dirás falso testimonio contra tu prójimo.
> **10mo.** No codiciarás nada de tu prójimo. [58]

En esencia, la ley de Dios comprende los principios básicos y fundamentales de la adoración correcta al Altísimo y las normas divinas para la piedad.

El Señor dijo que todos los mandamientos de la ley se resumen en dos:

> *1ro. Amarás el Señor tu Dios con todo tu corazón, con toda tu alma y con todas tus fuerzas.*
> *2do. Amarás a tu prójimo como a ti mismo.*[59]

---

[58] Éxodo 20.1-17; Deuteronomio 5. Paráfrasis del autor.
[59] Mateo 22.37-40; Marcos 12.30-34.

Esta esencia de la santa ley es la manera como el pueblo del Señor debe conducirse en todos los tiempos. En el Discurso del Monte (Mateo 5-7) del Señor Jesús da la interpretación definitiva sobre la ley. A través de toda la Escritura, incluyendo las páginas del Nuevo Testamento, se elogia la ley (ver Salmos 19 y 119), porque la ley de Dios es santa, justa y buena (Romanos 7.12), y es perfecta.

La ley de Dios resumida en el decálogo es la esencia del contenido de las Escrituras. Y como un corolario necesario de ser entendido se nos dice que debido a la caída del hombre en pecado, todos quedamos cortos de los estándares de Dios. Y debido a que es un requisito la perfecta obediencia de la ley para que una persona pueda ser salva, entonces "Dios envió a Su Hijo en semejanza de carne y nacido bajo la ley, a morir en el madero para condenar el pecado en la carne y hacerle maldición por los pecadores, para que por la fe en Jesucristo, el hombre pueda ser redimido para Dios. Esto es en esencia el tema del Evangelio de Jesucristo, las Buenas noticias de Salvación al hombre.

Así que, aunque la ley es perfecta y santa y el mandamiento justo y bueno, nosotros los humanos somos carnales y vendidos al pecado y sólo tenemos posibilidad de ser salvos a través de la fe en Jesucristo, el Hijo de Dios. (Ver Romanos 3.9-29; 6; 7; 2 Corintios 5.21; etc.)

La ley de Dios es también descrita como mandamientos, preceptos, estatutos, decretos, palabra, etc., de Dios.

SUMARIO DE "DOCTRINA CRISTIANA ORTODOXA"

EL AMOR Y SUS OBRAS

Para entender el amor es absolutamente necesario apelar a la revelación divina.

En el idioma hebreo, la palabra que mayormente se traduce como amor es *'ahab ('oheb)* (208 veces en el AT), se refiere a amar como lo utilizamos en nuestro idioma. Es decir, amar, querer, a personas, a Dios, deseo por las cosas, etc. (Ej.: Deuteronomio 6.5; 10.18; 11.1; Salmos 11.5; Proverbios 3.12; 12.1; 17.17; 19.8; Cantares 1.7; 3.1-4; Oseas 3.1; Etc.).

En el idioma griego, la palabra magna que se utiliza para el amor es *ágape* (nombre nominativo, singular, masculino. Se utiliza 116 veces en el NT (sin considerar las variantes. En el tiempo *pres.* del modo *imper. activo, 2da. p.* (*agapao*: **amad**) aparece 142 veces. Como adjetivo (*agapatos*: **amados**; aparece 47 veces). **Significa:** amor, amor de hermandad, afección, buena voluntad, benevolencia. (*Ejemplos* Mateo 5.44; Efesios 5.25; Col 2.19; 1 Pedro 2.17).

Cuando se nos habla del amor en la Biblia, encontramos entonces:

- *El amor es...* lo cual plantea una definición.
- *El amor **nunca deja de ser**...* lo cual plantea el amor en el tiempo, su longevidad.
- *Amarás al Señor tu Dios con todo tu corazón, con todas tus fuerzas, con toda tu alma.* (Mateo 22.37). Lo cual plantea la intensidad con que se ha de amar.
- *Amad aun a vuestros enemigos* (Mateo 5.44), lo cual plantea el alcance del amor. Es decir, plantea que el amor es incondicional y sin acepción. Esto sería una cualidad del amor imposible al hombre caído.
- *Maridos, amad a vuestras mujeres como Cristo amó la iglesia*, lo cual plantea un grado comparativo del amor, como "el de Dios". (Ver Efesio 5.25-27. *Cf.* Romanos 5.5).

- *Amad la verdad y la justicia*, que implica una inclinación moral del amor.

Y, en sentido negativo, incluso:

- *No améis al mundo, ni las cosas que están en el mundo. Si alguno ama al mundo, el amor del Padre no está en Él.* (1 Juan 2.15). Una declaración negativa de contraste que indica en que esta puesto el amor de aquellos que no aman a Dios.

Todos estos factores bíblicos sobre el amor apuntan a una condición. El amor, que proviene del ser, del corazón, plantea un estado o condición del individuo. De ahí que podamos establecer aquí que **el amor verdadero es un don de Dios que se implanta en el corazón del hombre y la mujer de Dios.** La condición de amar 'aun a vuestros enemigos', lo cual incluye amar incluso a un cónyuge que te ha traicionado; o alguien que ha arremetido contra mi persona y contra mi familia de una manera cruel; etc. Esto nos lleva a la reflexión de que **el amor verdadero tiene que ser un don**, porque de no ser así, no habría posibilidad alguna de que en nuestro estado natural o condición no regenerada pudiéramos amar. La realidad es que amar incluso a un enemigo, requiere de una condición del ser, y no de un mero ejercicio puntual dada la ocasión. Es parecido a lo que acontece con la fe y la justificación. La fe es un don de gracia, sin el cual el ser humano no podría agradar a Dios ni ser regenerado ni justificado delante de Dios.

Es necesario puntualizar que **el amor es un don que Dios da sin medida** (Efesios 2.4; 2 Tesalonicenses 1.3, 4; Mateo 22.37), por lo que se nos manda a amar a Dios sobre todas las cosas, y al prójimo como a uno mismo.

De parte de Dios, el derroche de su amor es abundante:

> *"Pero Dios, que es rico en misericordia, por su gran amor con que nos amó".* (Efesios 2.4)

SUMARIO DE "DOCTRINA CRISTIANA ORTODOXA"

Y el amor del verdadero creyente es también abundante:

> *"Debemos siempre dar gracias a Dios por vosotros, hermanos, como es digno, por cuanto **vuestra fe va creciendo**, y **el amor** de todos y cada uno de vosotros **abunda** para con los demás;* [4]*tanto, que nosotros mismos nos gloriamos de vosotros en las iglesias de Dios, por vuestra paciencia y fe en todas vuestras persecuciones y tribulaciones que soportáis".*
> (2 Tesalonicenses 1.3, 4)

En el mundo se tiende a pensar sobre el amor como sentimentalismo o relaciones físicas e intimas. Lamentablemente estas ideas suelen ser arrastradas por los creyentes. Pero, el amor de Dios escapa a esa concepción como hemos explicado. Un ejemplo Bíblico de lo que es el amor de Dios lo encontramos en 1 Corintios 13.

LAS BUENAS OBRAS

Las buenas obras son justamente el resultado o el fruto de la regeneración y la morada del Espíritu Santo en el creyente.

Efesios 2.8-10 da fe de que las buenas obras, o bien, las obras que a Dios le agradan, son el fruto natural de la salvación que Dios da por gracia, por medio de la fe.

En el discurso escatológico del Señor que registra el evangelista Mateo (25.31ss), se nos da fe del lugar de las obras en la vida del creyente. Lo mismo que hace Santiago en su carta (2.18ss), cuando contrasta la fe sin obras, declarando que "la fe sin obras es muerta". (2.20)

Las obras de amor y misericordia, la labor misionera, las limosnas y ofrendas, los ministerios educacionales, las obras hospitalarias y samaritanas, las organizaciones para-eclesiásticas que dan servicios, entre otras, son obras de misericordia. Pero lo que hace que estas sean obras buenas ante Dios tiene que ver con la razón y el móvil con el que se realizan, a saber, que sea "para la gloria de Dios". (1 Corintios 10.31)

La más grande obra buena que pueda hacer cualquier creyente es "predicar el evangelio y hacer discípulos". El llamado del Señor a sus santos es a andar en toda obra buena:

> *"Para que andéis como es digno del Señor, agradándole en todo, llevando fruto en toda buena obra, y creciendo en el conocimiento de Dios"*. (Colosenses 1.10)

SUMARIO DE "DOCTRINA CRISTIANA ORTODOXA"

EL MINISTERIO DE LA PALABRA

La predicación y la enseñanza

La manera ordinaria por excelencia y casi exclusiva mediante la cual Dios ha decidido que el evangelio de Cristo, su Palabra Verdadera, sea dada a conocer a los hombres es mediante la predicación y la enseñanza. (2 Timoteo 4.1-4; 1 Corintios 1.21; Mateo 28.18-20). La predicación es la comunicación verbal del mensaje de Dios por un hombre a los hombres.

En vista de ello, Dios a dado dones a los hombres para que ejerzan las diferentes funciones necesarias a las que están llamadas los santos y en consecuencia las iglesias de Cristo. Dentro de tales dones, a parte de los dones especiales del profetismo y el apostolado que sirvieron para poner el fundamento de una vez por todas (Efesios 2.20; 3.1-5; 4.11-14; 1 Corintios 3.10), Dios ha dado a unos el ser evangelistas, a otros el ser pastores y maestros, a fin de perfeccionar a los santos para la obra del ministerio.

A sus predicadores, Dios ha dado mandamiento de ser irreprensibles en su carácter (1 Timoteo 3; Tino 1.5-9); a la vez que fieles en todo al Señor (1 Tesalonicenses 2.1-8), especialmente competentes y fieles en el oficio de la Palabra (2 Timoteo 2.2, 15).

El mandato del Señor a sus ministros de justicia es a enseñar y predicar en todo tiempo, así: *"que prediques la palabra; que instes a tiempo y fuera de tiempo; redarguye, reprende, exhorta con toda paciencia y doctrina"*. (2 Timoteo 4.2)

En tal sentido, y en contra de todas las propuestas de los infieles, las iglesias del Señor hemos de tener en alta estima y en un lugar central los ministerios de enseñar y predicar, así como a los predicadores y maestros dotados por Dios. Los que trabajan en predicar y enseñar, inclusive, han de gozar de respeto y honor, incluso, son dignos de doble honor en una iglesia verdadera del Señor (1 Timoteo 5.17, 18; 1 Corintios 9.13).

De hecho, una iglesia verdadera se define como aquel lugar en el que se predica el Evangelio y se practican las ordenanzas del Señor, por sobre las demás funciones propias de la iglesia de Cristo.

La evangelización y las misiones

Puesto que "agradó a Dios salvar a los creyentes por la locura de la predicación" (1 Corintios 1.21), y ya que la salvación viene por creer y permanecer en Cristo conforme al evangelio (1 Corintios 15.1-4); comprendemos que el ministerio de la predicación es el medio ordinario por excelencia que Dios utiliza para traer su mensaje extraordinario, a través de seres humanos pecadores y falibles, con el fin de traer a Cristo a los santos escogidos de Dios, mediante la acción personal y directa del Espíritu Santo de Dios. Es necesario saber que "no hay otro nombre, bajo el cielo, en el cual alguien pueda ser salvo, solo el nombre de Jesucristo". (Hechos 4.12)

Así que entendemos que esta comisión de predicar es de vital importancia en los planes de Dios y su reino en estos días postreros. El llamado a predicar es universal a todos los creyentes, en todas las épocas (Mateo 28.16-20), si bien Dios ha dotado a ciertos hombres con un don especial para predicar su evangelio eterno. (Efesios 4.8-15). Por lo que las iglesias del Señor (y los creyentes de manera individual) debemos procurar que el evangelio siga siendo predicado con denuedo, y muy especialmente en las iglesias.

Así que, el propósito principal de la iglesia de Cristo en la tierra es la predicación del evangelio, a tiempo y fuera de tiempo, en la iglesia, en las casas, en las plazas, en las escuelas, en las cárceles, en los hospitales, en encuentros privados, y en todo lugar habido y por haber. (Ver 2 Timoteo 4.1-4; Mateo 28.18-20; Romanos 10.14, 15).

Este fin temporal de la iglesia llena la medida y el corazón de Dios, pues es el vehículo por el cual Dios cumplirá sus propósitos redentores para los cuales envió a su Hijo Unigénito a morir en la cruz en beneficio de los pecadores.

SUMARIO DE "DOCTRINA CRISTIANA ORTODOXA"

No debemos ignorar que el evangelio de Cristo es "locura a los que se pierden". (1 Corintios 1.18). Por ello, los resultados positivos o negativos en la evangelización son prerrogativa exclusiva de Dios: "La salvación es de Jehová". (Juan 2.9)

Ya que "no oirán sin haber quien les predique" (Romanos 10.14, 15), y debido a que "no hay quien busque a Dios... ni hay quien entienda..." (Romanos 3.9ss), ya que todos "están muertos en sus delitos y pecados..." (Efesios 2.1-4), y debido a que nos mandó el Señor a "ir y hacer discípulos de todas las naciones..."; es nuestra obligación de amor a Dios y a los hombres hacer todo lo que esté a nuestro alcance para provocar a todos los hombres a oír el evangelio. Tenemos este sagrado deber de anunciar a Cristo a nuestros hijos, familiares, amigos, compañeros, desconocidos y con todas las etnias del planeta. ¡Que Dios nos ayude!

EL MATRIMONIO

Siendo que el matrimonio o casamiento es la unión aprobada por Dios y por los hombres (las partes legalmente implicadas), **el único matrimonio aprobado por Dios** es aquel que se practica entre un hombre y una mujer que tanto ellos como Dios y sus tutores están en común acuerdo y que no representan un yugo desigual. (Génesis 2.24; 2 Corintios 6.14). La voluntad de Dios respecto al matrimonio es que nunca haya divorcio, es decir: *"que lo que Dios juntó no lo separe el hombre"*. (Mateo 19.6; Marcos 10.9; 1 Corintios 7.10; 1 Tesalonicenses 4.3-5). El amor ha de regir el matrimonio.

El matrimonio es un regalo de Dios al hombre porque Dios vio que no es bueno para el hombre estar solo, por lo que le creó una ayuda idónea (la mujer). Y el modelo de amor es el Padre y el Hijo. El amor de Cristo por la iglesia es el ideal del amor conyugal. (Efesios 5.22ss). Así que, el propósito de Dios al instituir el matrimonio, desde la creación misma del hombre, fue que el hombre tuviera alguien especial con quien relacionarse de la manera más íntima y profunda posible, es decir, proveer la más profunda amistad, ayuda y placer al hombre y *viceversa*. De ahí que el compañerismo, el gozo, el placer y la procreación sean las principales finalidades del matrimonio. Todo esto glorifica a Dios.

El matrimonio no es una institución exclusiva para creyentes, sino para la raza humana, si bien debe procurarse que los que se unen en matrimonio no se unan en yugo desigual. (2 Corintios 6.14-16). Un creyente no debe unirse a un no creyente (deben ambos estar en el Señor), esta disparidad religiosa representa el mayor yugo desigual posible. La finalidad de Dios al establecer el sagrado matrimonio fue que la pareja modelara el amor de Cristo por su iglesia, el amor sacrificial.

SUMARIO DE "DOCTRINA CRISTIANA ORTODOXA"

El divorcio no es la voluntad de Dios

El divorcio no es la voluntad de Dios. (Génesis 2.24; 1 Corintios 7.10; Mateo 19.6; Marcos 10.9). Sin embargo, el principio de la vida y la libertad impera sobre la muerte y la esclavitud (1 Corintios 7.15), de tal manera que Dios, si bien no es Su ideal, Él no se opone al divorcio por fines más nobles (Mateo 5.31, 32; 19.3-12; 1 Corintios 7.11, 15), aunque aparentemente si se opone a las nuevas nupcias del(la) divorciado(a). (1 Corintios 7.10-11). La mayoría de los intérpretes dicen que tanto Mateo 5.31-32, como 19.3-12, están concediendo libertad de recasamiento a los divorciados por causa de fornicación, aunque Dios no permite el divorcio (cláusula de excepción). No obstante, otros santos creen que Jesús (y sus apóstoles) enseñaron que si bien el divorcio es anti-Dios, Él lo permite a lo menos en una circunstancia sin que al que se divorcia (la parte traicionada) se le cuente como pecado. Es decir, que cualquier persona que fue traicionado por su cónyuge (por fornicación) tiene el permiso de divorciarse sin que se le cuente como pecado, pues el divorcio es pecaminoso en la mayoría de los casos por estar en contra de la voluntad expresa de Dios.

Si el que se divorcia piensa que es peor estar solo, puede apelar a la reconciliación y el perdón. Pero quien se divorcia debe quedarse sin casar para que su decisión sea del agrado de Dios. (1 Corintios 7.8-11). A fin de cuentas, la pregunta no debe estar centrada en el divorcio sino en las segundas nupcias, las cuales son prohibidas excepto en el caso de la viudez o que el recasamiento sea con la misma persona de quien se había divorciado antes.

Segundas nupcias

Con relación a las segundas nupcias, la Biblia enseña que hay hombres y mujeres que no están cualificados para volverse a casar porque violan lo establecido por Dios en Su Palabra. Atendiendo a los cuatro estados relacionales de las personas adultas (solteros, casados, viudos y separados), solo están aptos para volverse a casar aquellos hermanos y hermanas que han enviudado y aquellos que quieren resarcir su error de haberse divorciado (y quieren volverse a unir con su excónyuge). De igual modo, hay un mandato para quienes viven desordenadamente, aquellos que habiendo estado viviendo en relaciones ilícitas (incestuosas, fornicarias, homosexuales, etc.), arrepintiéndose, abandonan dichas prácticas, y se casan. La manera divinamente establecida para evitar la fornicación es casarse. (1 Corintios 7.8-11). Así que el llamado es a que honroso sea (en todos) el matrimonio y la intimidad solo en el seno del matrimonio. (Hebreos 13.4)

Algunos enseñan el recasamiento, descansando en la cláusula de excepción, otros atendiendo al significado de los términos divorcio y desligado, y otros atendiendo a la demanda de la ley a los que eran sorprendidos en 'adulterio' -los cuales debían morir; sin embargo, cuando Pablo habla de que "a los que están unidos en matrimonio mando, NO YO, SINO EL SEÑOR, que la mujer no se separe del marido", también dice: "si se separa 'QUÉDESE SIN CASAR' o 'RECONCÍLIESE CON SU MARIDO', y que el marido tampoco abandone a la mujer" Pablo está concediendo la posibilidad de divorcio por la única causa que Cristo la consideró (por causa de fornicación), este es el sentido del pasaje. Entonces:

¿Quién puede considerar el divorcio? Alguien que es objeto de fornicación.

¿Por qué? Por un asunto de vida y libertad.

¿Cómo debe quedarse el que se divorcia de su marido o *viceversa*? SIN CASARSE.

¿Qué podría hacer esa persona si descubre que fue peor tomar la decisión de divorciarse? RECONCILIARSE CON SU EXCONYUGE.

A fin de cuentas, la cláusula de excepción no se refiere al recasamiento, sino al divorcio mismo. El divorcio no es un certificado de libertad para casarse de nuevo, sino, y solo eso, un certificado de no culpabilidad del estado adúltero del cónyuge abandonado. Y el que

SUMARIO DE "DOCTRINA CRISTIANA ORTODOXA"

se divorcia por cualquier otra causa, entonces es co-responsable del estado adúltero o fornicario del abandonado, así como del suyo propio.

Por sobre todo lo expuesto, Mateo 5 (donde Jesús primero enseñó sobre el particular) demanda que la justicia del cristiano supere a la de los escribas y fariseos, que sea perfecta en Él, como la garantía de la entrada al reino de los cielos (Mateo 5.20, 48). Entonces, es necesario que el cristiano ame aun a sus enemigos, incluyendo a quien lo traicionó, aun en adulterio; y que considere, incluso, la posibilidad de reconciliación con la persona a quien abandonó (por divorcio).

La unión entre parejas del mismo sexo (o con animales y con infantes) es abominable y condenable ante Dios y ante la iglesia de Jesucristo y debe ser rechazada y nunca aceptada en la iglesia del Dios Vivo. En la Biblia, en sentido general, estas prácticas son consideradas como fornicación o inmoralidad sexual. Son catalogadas como prácticas ilícitas de relaciones incestuosas.

Las personas que se convierten al Señor deben permanecer con sus cónyuges incrédulos (cada quien con el suyo, según vino al Señor), procurando, con toda diligencia, dar testimonio de nuestro Señor. Y dado por sentado que la sexualidad es para adultos. Si el cónyuge incrédulo insiste en abandonar a la parte creyente por su fe, tiene el derecho divino de separarse por el principio de la libertad (1 Corintios 7.10-11, 15), si bien debe quedarse sin casar, para seguir agradando al Señor que lo salvó.

Una viuda puede hacer un voto de castidad para dedicarse por entero a la obra de Cristo. Eso debe ser tenido por alta estima en la iglesia. Pero si quiere casarse de nuevo, no tiene ataduras que se lo impidan porque la esposa está ligada a su marido solo mientras aquel vive. Pero si hizo voto de viudez para dedicarse al servicio a Dios, debe honrar su compromiso.

LA FAMILIA

La familia es de suma importancia ante Dios y por tanto a sus iglesias. Nuestros ministerios están enfocados al establecimiento del reino de Dios y al desarrollo de la iglesia en todo el sentido de la palabra, así como al fortalecimiento y defensa de la familia y sus integrantes. La familia ocurrió primero que la iglesia en el plan de Dios, por lo que la iglesia de Cristo hará todo tipo de esfuerzos a su alcance para impedir el desmoronamiento de la familia. Una familia está compuesta por el esposo y padre, la esposa y madre y el o los hijos (naturales, legítimos, reconocidos y/o adoptivos), así como aquellas personas que hayan sido aceptadas en el seno de la familia, siempre que esto no irrumpa los principios divinos. Hay ocasiones particulares en las que los propósitos de Dios cohíben al matrimonio la gracia de tener hijos, en tal caso se considera dicho matrimonio como una familia, sea que adopten hijos o que se queden solos. También consideramos como familias a aquellas parejas que aun no tienen hijos. Sino es el Señor que edifica la casa, en vano trabajan los que la construyen (salmos 127, 128), sin duda alguna la familia es una creación divina. Esto se modela en todo el texto sagrado.

SUMARIO DE "DOCTRINA CRISTIANA ORTODOXA"

LAS RELACIONES ÍNTIMAS

La Biblia regula todas las prácticas humanas desde un orden moral y establecido por Dios. Las regulaciones a la práctica sexual comprenden: 1) prohibición severa y condena a cualquier práctica sexual fuera del matrimonio; 2) prohibición severa y condena de la práctica de toda inmoralidad sexual o fornicación (sexo antes del matrimonio, sexo fuera del vínculo matrimonial, sexo con otras especies, sexo con alguien del mismo sexo, auto gratificación sexual, pornografía, sexo virtual, etc.); 3) condena del adulterio, 4) condena las prácticas homosexuales y lesbianas; 5) la pedofilia; 6) el bestialismo; 7) la auto gratificación sexual; 8) toda especie de pornografía; etc. Las sagradas Escrituras no solo condenan las prácticas sexuales desordenadas, también condenan el recasamiento, a excepción de aquellos que enviudan.

Claramente Dios prohíbe toda práctica sexual antes y fuera del vínculo del propio matrimonio, el cual indefectiblemente tiene que ser entre un hombre y una mujer, y nada fuera de este vínculo perfecto es aceptado por Dios. Por sobre todo, la Biblia condena someter a los niños a cualquier práctica o actividad sexual; también condena el sexo idolátrico y/o religioso. El sexo es una gracia de Dios al hombre, pero tiene límites muy estrechos. Solo puede ser practicado en el seno del matrimonio entre un hombre y una mujer.

LA IGLESIA DE DIOS

La iglesia verdadera, es la casa del Dios vivo, la columna y el fundamento de la verdad. (1 Timoteo 3.15). *La iglesia se define como: "una comunidad de creyentes en Cristo (de todas las edades), apartados para Dios y sus propósitos, cuya finalidad principal es adorar a Dios, imitando a Cristo en sus obras, obedeciendo sus ordenanzas conforme a los mandamientos del Señor dado a sus santos apóstoles y profetas". (Comp.* Hechos 2.42-47). La iglesia es el cuerpo de Cristo, la familia de Dios, el templo del Dios vivo, el pueblo de Dios, la columna de la verdad, el rebaño de Dios, la viña del Señor.

La iglesia fue fundada por Cristo y edificada en la doctrina de los apóstoles y profetas, con Jesucristo como la piedra angular. (Efesios 2.20; Lucas 20.17, 18; 1 Pedro 2.6, 7).

La iglesia es un organismo viviente que existe como agencia y embajada del reino de Dios en la tierra. La iglesia de Cristo es santa (apartada para el uso exclusivo de Dios). **Es llamada a la santificación, convocada a la adoración, y enviada a la evangelización.**

La iglesia es una congregación erigida en el tiempo y el espacio (formada por personas reales y existentes) con propósitos claros y definidos, a saber, servir para los propósitos de Dios en esta dispensación de los tiempos.

El culto o la liturgia de la iglesia debe conformarse a la sana doctrina de nuestro Señor y utilizar la prudencia cristiana en aquellos asuntos que no nos han sido revelados en su palabra, como el orden en que deben realizarse los elementos del culto, el tiempo de duración, etc. Los asuntos más apremiantes en la adoración pública nos han sido revelados. Están contenidos y mandados en las sagradas Escrituras.

Aunque existen unas pocas referencias a la iglesia como un conjunto universal de creyentes, la doctrina del Nuevo Testamento apunta a

SUMARIO DE "DOCTRINA CRISTIANA ORTODOXA"

considerar la iglesia como el cuerpo local de creyentes que se encuentra en una realidad temporal y existencial, que se reúnen en un lugar físico determinado y no como un conglomerado místico de creyentes, aunque para ciertos fines está dada la idea universal

Así que Cristo es la cabeza de cada iglesia local fundada y aprobada por Dios. Aunque la iglesia está compuesta por personas de diversas edades, hayan o no sido bautizadas, pero que son creyentes por decisión (en el caso de personas conscientes), así como los niños, hijos de creyentes, cuya fe no ha sido certificada mediante el arrepentimiento y el bautismo, por su incapacidad para tomar decisiones conscientes; no obstante, para fines internos y legales, solo cuenta el voto y la decisión de los miembros bautizados (varones y hembras) que se encuentran en una edad prudente para tomas de decisiones responsables.[60]

De igual modo, entendemos que no ha habido ni habrá una iglesia pura en la historia humana, ni siquiera las que fundaron los apóstoles en vida. Dios mismo ha diseñado que así sea en esta dispensación con el propósito de instruir, probar, purificar, etc. Su iglesia. La iglesia, por tanto, así usemos los filtros humanos más sofisticados, se verá infectada por el mal y por los malos, aun dentro de las filas de su membresía. (Hechos 20.29; 1 Corintios 3.4; 11.27-32; 2 Pedro 2.1; 1 Corintios 5). Por tanto, la iglesia más pura debajo de la tierra tendrá impurezas y errores. (Apocalipsis 2, 3; Hechos de los Apóstoles; Gálatas 1).

Este carácter, aparentemente necesario a la iglesia de Dios, nos ayuda a entender que la iglesia es una creación divina para humanos pecadores y falibles. Es una institución divina y humana. Es celestial en tanto que es creada, sustentada y cuidada por Dios, pero terrenal en tanto que es una realidad presente, física y temporal, compuesta por personas. Es gloriosa en tanto que Dios es su sustento, pero es

---

[60] La edad adecuada para contar las decisiones de los jovencitos bautizados debe ser determinada por la iglesia local, acorde con las normas comunes.

común en tanto que está compuesta orgánicamente por humanos regenerados, incluyendo muchos no regenerados o falsos creyentes que en toda la historia han entrado encubiertamente a las filas de Dios. Es santa en tanto al llamado y la misión que sustenta, pero impura en tanto a los actores terrenales que la conforman.

Así que, esta realidad temporal de las iglesias de Dios tiene el propósito marcado de preparar a los santos para evitar la frustración respecto a las acciones de las iglesias, a la vez que preparar a los verdaderos santos de Dios a no utilizar normas selectivas más allá de las que contiene la palabra de Dios. Al mismo tiempo, estas realidades de la iglesia tienen el propósito de incentivarnos a orar por el continuo crecimiento de los santos hasta que Cristo vuelva. (Efesios 4.11-17; Mateo 16.1-19; 18.15ss; 1 Corintios 1, 2; etc.)

SUMARIO DE "DOCTRINA CRISTIANA ORTODOXA"

LA PRÁCTICA DE LOS MINISTERIOS EN LA IGLESIA

La iglesia de Cristo fue comprada (redimida) por la sangre de Cristo, con el objeto principal de adorar al Señor de Señores y Rey de Reyes, al único Soberano, el que tiene inmortalidad y habita en luz inaccesible. Este fin, propósito y llamado ha sido dado a la iglesia de Cristo, así como a cada ser humano y a cada criatura en particular.

En la procura de la iglesia (y por ende del creyente) en este propósito encontramos varios asuntos necesarios, así, a modo resumido: 1) amar al Señor sobre todas las cosas, y 2) amar al prójimo como a uno mismo.

Cuando analizamos el desarrollo y la explicación puntual de estos asuntos necesarios, nos encontramos con que se refiere a: a) un mandato a vivir en fe, en santidad y honor; b) un mandato a la evangelización, el discipulado y la enseñanza cristiana; c) un mandato a procurar satisfacer todas las necesidades físicas y espirituales de los ministros, los hermanos y las personas en general; d) un mandato a la práctica, la administración y el modelaje de la justicia social; e) un mandato al gozo y al disfrute o deleite de Dios y de sus obras, conforme a la piedad, la prudencia cristiana y las capacidades humanas involucradas. (Salmos: 8; 16; 19; 119; etc.)

Estos elementos combinados son los que conjugan entonces una adoración que agrada al Altísimo. Por tanto, adorar a Cristo ha de ser indefectiblemente el estilo de vida propio de todo verdadero cristiana.

De esto se desprende entonces que el propósito material de la iglesia es hacer discípulos o ganar a los perdidos para Dios. Por lo que, la evangelización y las misiones ocupan la razón de la permanencia de la iglesia en la tierra. La tarea evangelizadora se lleva a cabo a través de: la predicación, la capacitación, la motivación, la exhortación, la enseñanza, el discipulado, la alabanza, la oración, la cooperación (diezmos, ofrendas, donativos, disposición), e incluso, los trabajos sociales; todo lo cual corresponden a "la razón de ser de la iglesia en la tierra", pues estas cosas redundan para la gloria de Dios.

Por ello, en tanto que capacitamos a los hombres y mujeres que han de entrar a la gloria del Padre, tal capacitación demanda de los tales una respuesta volitiva y práctica de ganar a los perdidos y llenar todo tipo de necesidad existencial de la gente en el amor de Cristo. Por lo que cualquier cuerpo de creyentes bien enfocado entenderá la necesidad no solo de congregarse regularmente para los servicios públicos y de grupos demandados en las Escrituras, sino también de orquestar oportunidades de servir afuera en las misiones, distintas obras de caridad, y diversas obras de servicios múltiples, a favor de los necesitados de todo el mundo (mayormente de los cristianos).

Una iglesia sana, además, tendrá el siguiente distintivo: "procurará eventualmente reproducirse en otras congregaciones, ya sea un esfuerzo individual, o en asociación con otras iglesias locales".

SUMARIO DE "DOCTRINA CRISTIANA ORTODOXA"

LAS ORDENANZAS CRISTIANAS

La práctica de las ordenanzas no es para salvación sino para obediencia, separación, testimonio, comunión y crecimiento espiritual. Bíblicamente reconocemos dos sacramentos[61] u ordenanzas dadas al pueblo santo de Dios en el Nuevo Pacto: (1) el *Bautismo* del creyente, y (2) la *Cena del Señor* (o *Santa Comunión*).

El matrimonio, no es considerado como un sacramento, cual lo ve Roma, puesto que esa institución divina entre un hombre y una mujer no es exclusiva de la cristiandad, sino un bien o gracia dada a la raza humana por decreto divino, además de no ser obligada para cada persona del universo, así como impropio a cierta edad. Por sobre todo, consideramos ordenanzas o sacramentos, solo aquellos a los que Cristo mismo se sometió mientras peregrinó en su humanidad en la tierra. Tampoco encontramos evidencias bíblicas de que el Señor haya establecido algún otro sacramento u ordenanza, aparte de estos en los que respecta a este orden de las cosas santas. Los sacramentos u ordenanzas cristianas, por definición, corresponden a aquellos que Cristo mismo modeló, practicó y mandó en su vida, obra y ministerio.

El Bautismo bíblico

El bautismo es el acto mediante el cual un creyente es sumergido completamente en agua (por inmersión), por lo que no comulgamos en esta doctrina con los que entienden que puede ser un simple rociamiento por aspersión o de alguna otra manera, según algunos credos cristianos.

El único requisito para bautizarse es la fe en Cristo como Señor y Salvador, dando por sentado la decisión o petición del candidato.

---

[61] Sacramento aquí no implica la definición católico romana para quienes un sacramento imparte gracia.

Las Doctrinas Básicas de la Fe Cristiana

De aquí se desprende que el bautismo de infantes (personas no conscientes) es antibíblico y no debe ser practicado en una iglesia del Señor. Se desprende también de esto, que el candidato debe tener conciencia de lo que está haciendo. Cuando un menor de edad (no un párvulo) pide el bautismo, tal decisión debe ser certificada por sus tutores, acompañada de las debidas evidencias de la decisión consciente del(la) candidato(a).

Las personas aptas para administrar estas ordenanzas son aquellas, y solamente aquellas, que la iglesia misma designe para ello. No necesariamente debe estar supeditado a clérigos y diáconos. Descansa sobre las manos de la iglesia la legislación de este asunto, si bien ha sido la norma, en la historia de la iglesia, desde los tiempos apostólicos, que sean los misioneros facultados, y ministros ordenados los que mayormente administren este sumo bien dado a los santos.

La Cena del Señor o Santa Comunión

Debe ser administrada solo a creyentes bautizados que estén viviendo en plena comunión con el Señor, y que hayan sido bautizados después de haber creído. Si algún hermano ha pecado puede participar de la Santa Comunión solamente después de haberse arrepentido. Los pecados públicos deben ser perdonados en público. Un pecado se hace público cuando hay involucrados más de una persona en el mismo.

Si algún hermano está en falta ante Dios o en falta o pugna con otro hermano debe abstenerse de participar de la Santa Comunión hasta que arregle su situación. El participar de la Cena del Señor indignamente a menudo deviene en enfermedades físicas y hasta en la muerte física.

Los elementos de la Santa Comunión siempre serán el pan (preferiblemente no leudado) y el vino (de uva), los cuales simbolizan el cuerpo y la sangre de Cristo. Esta práctica es una remembranza de la muerte del Señor. Y las iglesias del Señor debemos practicarlas con periodicidad, hasta que el vuelva. Una congregación en que no se practique esta ordenanza, difícilmente pueda ser calificada como "Iglesia del Señor". (ver 1 Corintios 11.17-25; Mateo 26.26–28; Marcos 14.22–24; Lucas 22.17–20).

SUMARIO DE "DOCTRINA CRISTIANA ORTODOXA"

LA ADORACIÓN A DIOS

El fin principal por el cual Dios creó al ser humano fue para Su propia gloria, es decir, para que el hombre glorificara a Dios. Todo lo que Dios hizo, hace y hará persigue su glorificación. Dios ha ordenado a sus criaturas inteligentes que todo cuanto hagan sea para la gloria de Dios.

La adoración pública

Adorar públicamente al Señor encierra el cumplimiento de sus mandamientos y ordenanzas en las Escrituras. Es decir, que reconocemos las siguientes prácticas como expresamente reveladas en las escrituras: el culto, la predicación del evangelio y de todo el consejo de Dios, la evangelización y educación cristiana, el llamamiento cristiano, el arrepentimiento y la conversión, el bautismo de creyentes, la oración a Dios el Padre en el nombre de Jesús, testificar entre los hermanos de los hechos poderosos de Dios, la celebración de la cena del Señor (santa comunión), la alabanza a Dios y a su palabra a través de salmos, himnos y cánticos espirituales, la entrega voluntaria de los diezmos y las ofrendas de los santos, el compañerismo cristiano, la satisfacción de las diversas necesidades espirituales y físicas de las personas, los saludos y reconocimientos de las labores ministeriales de los hermanos y hermanas, la práctica de actos públicos de ordenación e investidura al santo ministerio, el envío y comisión de misioneros y misioneras al campo blanco, entre otros elementos bíblicamente instituidos. Todo ello en una atmósfera de santidad y amor, con el propósito expreso de adorar y glorificar a Dios solamente.

Los elementos del culto público regular habrán de ser siempre: la predicación del mensaje de la Biblia en todas sus manifestaciones (predicar, exhortar, corregir, enseñar, reprender, redargüir y llamar al arrepentimiento y al compromiso) y en todas sus formas y métodos; la lectura de la Biblia; la oración (ruegos, súplicas, peticiones, acciones de gracias); el canto a Dios (con o sin instrumentos musicales); el acto de las ofrendas y los diezmos; el bautismo; la cena del Señor y el saludo cristiano; así como otros actos de compañerismo. No implicando con ello que cada elemento debe estar presente en cada culto. Hay libertad en la forma, el método, el tiempo y hasta el período de hacer y celebrar todas las cosas que Dios nos ha mandado (apelando a la prudencia cristiana.) Sin ignorar que el canto y la alabanza, la lectura de las escrituras, la predicación (y sus elementos), y la práctica de las ordenanzas (o sacramentos), son los elementos esenciales y estándares del culto público.

El fin principal del culto es adorar a Dios conforme a su voluntad y propósito expresamente dados a conocer en su Palabra.

El ministerio de la palabra, y la dirección en el culto público de la iglesia reunida como un todo están reservados, por mandato divino, al género masculino. Cuando por conveniencia la iglesia se divide en partes para otros asuntos (clases bíblicas divididas, cultos en los hogares, conferencias, etc.) es permitido a las mujeres ostentar posiciones de liderazgo y de enseñanza.

El ministerio femenino público en la iglesia tiene dimensiones distintas a la del ministerio masculino. Aunque las mujeres están capacitadas para enseñar, orar, cantar, dirigir, etc., la Biblia contiene restricciones a algunos de estos oficios, expresamente al de predicar y enseñar en la congregación, en el contexto del culto público.

El culto público no es un servicio a los hombres sino a Dios, por tal razón tiene sus requisitos básicos establecidos por Dios mismo en su Palabra. Hay que hacer diferencia en lo que respecta al culto público y las actividades rutinarias y especiales de la iglesia. En el culto público solo cantamos a Dios y a su palabra, mientras que en una actividad eclesiástica cualquiera puede ser incluidos canto a la patria, a las madres, etc. Por eso el culto público desde el Antiguo Testamento hasta nuestros días tiene pautas establecidas. (ver Levíticos, 1 Timoteo, Tito, 1 y 2 Corintios). Debe señalarse también que la práctica privada de la adoración cristiana (personal, familiar o grupal) no está regulada por los mismos principios que la pública, por lo que se derogan la mayoría de las restricciones expresas (sobre ¿quiénes?) que son tenidas en cuenta en el culto público.

SUMARIO DE "DOCTRINA CRISTIANA ORTODOXA"

La adoración privada

Esta consiste y comprende un vivir cada vez más y más según los propósitos y la voluntad de Dios en medio de esta generación pecadora. En resumen, la Biblia refiere los elementos de la adoración privada como un servicio (oraciones –en todas sus formas, acciones de gracias, ayunos, lecturas, aprendizaje y meditación de su Palabra, el canto cristiano, y las ayudas a los necesitados, la evangelización y toda obra de misericordia). Toda nuestra cotidianidad debe verse como un servicio privado de adoración a Dios. Por eso, todo lo que hagamos, sea de palabra o de hecho, o si hacemos cualquier otra cosa, ya sea que comamos o bebamos, debe ser para la gloria de Dios. (1 Corintios 10.31; Colosenses 3.16). De tal manera que nuestro deber como cristianos es imitar a Cristo, honrando así su nombre, haciendo todo para la Gloria de Dios.

En este plano hay una inmensidad de asuntos que puedo hacer que se circunscriben dentro de esta obra de servicio, así: prestar un trabajo o servicio; estudiar; llenar cualquier necesidad física o emocional legítimas de otros seres humanos; visitar, aconsejar y ayudar a los que están enfermos o presos; ayudar a los huérfanos, desvalidos, viudas, etc.; orar por todos los seres humanos; orar por los enfermos y necesitados; ayunar por asuntos en los que quiero que Dios obre en mi vida o la de otros; etc.

Hay que recordar que la mayoría de estas cosas, aunque pueden ser parte de la adoración pública, en este contexto están circunscritas a lo privado, de tal manera que los demás no deben enterarse de nuestras obras de piedad. Casi cada elemento del culto público puede ser llevado a la práctica en la adoración privada. Aun la intimidad conyugal está llamada a ser una adoración a Dios. Cualquier cosa lícita y conveniente, es decir, apartada del pecado, en mi vida pública o privada, corresponde a un acto de adoración a Dios. Así un empleado honra a Dios cuando hace el trabajo como si Cristo fuera su empleador o el dueño de la empresa en la que los hermanos rinden sus servicios, de igual modo en el resto de los asuntos. Del mismo modo, el comerciante honra a Cristo sí y solo sí sus ganancias corresponden a pesos y medidas fieles, mirando al que compra como si fuera Cristo. (Considere Mateo 6; 1 Tesalonicenses 5.13ss).

MINISTROS Y OFICIALES DE LA IGLESIA

Se conocen bíblicamente dos tipos de oficiales eclesiásticos: (1) *pastores* (que pueden ser llamados igualmente *ancianos, presbíteros, u obispos)*, cuyo oficio principal es dedicarse al ministerio de la Palabra y la oración en la iglesia, con el fin de satisfacer las demandas espirituales del pueblo de Dios; y (2) *diáconos* o servidores a las mesas, que se encargan de atender las necesidades materiales del cuerpo de Cristo y los necesitados que la iglesia decide ayudar, se discute aun si en este grupo de oficiales puede haber mujeres (Ver Romanos 16.1; 1 Timoteo 3.8-13).[62] La ortodoxia clásica entendía que la Biblia no faculta a las mujeres para ser pastoras.[63]

Hay otros servicios de carácter rutinario de la iglesia que han sido introducidos por necesidad, como el caso de escribientes (secretarios), tesoreros, etc., que pueden ser delegados a cualquier hermano o hermana de buen testimonio, sin necesidad de que sean oficiales como tales.

Para un correcto funcionamiento de estos oficios, se hace necesario que tanto el grupo de ancianos de una iglesia local como el de los diáconos tengan un encargado o principal entre ellos. Esto ayudará a evitar todo posible desorden. (1 Timoteo 5.17)

---

[62] Casi todas las denominaciones aceptan y orden diaconisas, incluso la mayoría de las iglesias bautistas del mundo. La norma de los bautistas ha sido dejarlo al escrutinio de la iglesia local. Los de tendencia general (o arminiana) nunca tuvieron esta restricción.

[63] Esta doctrina bíblica (*Comp.* 1 Timoteo 2; 3; Tito 1.5-9; 1 Corintios 14.33ss) se ha negociado a partir del liberalismo teológico, y aun muchos que dicen ser ortodoxos, ya aceptan mujeres en el ministerio.

SUMARIO DE "DOCTRINA CRISTIANA ORTODOXA"

REQUISITOS PARA SER UN MINISTRO CRISTIANO

Reconociendo primero que en la iglesia hay dos clases de oficiales o de ministros (los de instrucción -ancianos o pastores u obispos, y los de servicios -diáconos); si bien ambos son ministros del Señor, exigimos de ambos que sean creyentes que muestren **pureza moral y madurez espiritual.** (ver 1 Timoteo 3; Tito 1.5-9). Los pastores y líderes, en general, deben ser hombres de Dios que no tengan ninguna acusación probada ni de los de adentro (de la iglesia local) ni de los de afuera (de otras iglesias, de sus familiares, ni del mundo). Cualquier acusación de inmoralidad sexual, adoración idolátrica, fraude y/o sustentación de herejías (probados), malversación, y asuntos semejantes, debe derogar automáticamente al hermano de su posición ministerial, todo luego de un escrutinio pluralista satisfactorio. Se exige bíblicamente de los ministros: *1) que sean cristianos sanos y maduros en la fe, 2) (si son casados) que gobiernen bien su casa, teniendo hijos sujetos y creyentes, 3) que honren y sean obedientes a sus padres, 4) que conozcan a profundidad las Escrituras, 5) que sean moralmente puros, 6) que sean buenos administradores, 7) (los ancianos) que tengan un grado académico promedio adecuado, salvo una excepción evidente de dotes de entendimiento común y manejo adecuado del idioma en el que ministran, y 8) que sean aptos para enseñar la Palabra y los asuntos de la vida y la piedad.*

Todo esto se resume en que **un ministro del Señor tiene que ser alguien íntegro y cualificado: *"irreprensible"*.** A los diáconos se les exigen los mismos requisitos que a los ancianos o pastores, salvo que no se requiere de ellos necesariamente alguna capacitación académica, y tampoco se requiere de ellos que sean maestros de la Palabra, aunque sí deben ser maestros del bien.

Se requiere de los ministros laicos en general (director de alabanza, maestros y maestras de Biblia, consejeros y consejeras, directores y directoras de algunos ministerios, tesoreros(as), secretarios(as), etc.)

que sean sanos y maduros en la fe y que sean ejemplos de piedad y prudencia en sus casas, (si son mujeres casadas) que estén sujetas a sus propios esposos como al Señor y que tengan a sus hijos en sujeción. Se requiere que las mujeres que sirven (en ministerios permitidos, como el trabajo con los niños, la tesorería, la limpieza, etc.) tengan las mismas cualidades morales y espirituales que los hombres.

Aunque los que se han divorciado y recasado (siendo cristianos) pueden pertenecer a la iglesia local, a conciencia de las Escrituras, entendemos que no se les permite dirigir ministerios eclesiásticos públicos. La restricción no se extiende a la participación, y tampoco aplica a ministerios para-eclesiásticos.

SUMARIO DE "DOCTRINA CRISTIANA ORTODOXA"

MINISTERIOS PARA-ECLASIÁSTICOS

Los ministerios para-eclesiásticos no son ministerios dirigidos por la cobertura de la iglesia propiamente dicho. Existen tanto ministerios de enseñanza y evangelización, como ministerios de servicios generales que no llevan el sello de una iglesia en particular, pero que de algún modo ejecutan funciones cristianas.

Los hermanos y hermanas que no cualifican para algún ministerio eclesiástico podrían bien cualificar para ejercer diversas funciones en ministerios para-eclesiásticos. Una hermana, por ejemplo, podría enseñar en un seminario o dirigir una orquesta cristiana para fines no-eclesiásticos.

Varios de los profetas del Antiguo Testamento, y del Nuevo como Juan el Bautista, Cristo y los apóstoles, son ejemplos bíblicos de ministerios que no estaban supervisados necesariamente por el magisterio de la iglesia local, es decir, eran para-eclesiásticos; si bien no se debe dejar pasar por alto que pertenecieron a una época exclusiva. Pero vemos como parte integral del plan de Dios que haya ministerios así en todo el globo. Pues de algún modo es la gente de Dios que los ejecuta. No obstante, sería más saludable que tales ministerios sean eclesiásticos.

LAS PROHIBICCIONES A LOS SANTOS

La prohibición a comer algún alimento (líquido o sólido) que Dios creó, al igual que prohibir el casamiento entre un hombre y una mujer de la misma fe (cualificados) son abiertamente doctrinas de Satanás. La prohibición pública de vestimentas y adornos para el cuerpo (salvo que sean imprudentes o indecorosos, de acuerdo a la prudencia cristiana) son enseñanzas humanas que no aprovechan para la piedad.

En privado, pueden sugerirse ciertas restricciones voluntarias por razón del amor no fingido hacia los débiles en la fe. Debe procurarse que las sugerencias privadas a las damas sean hechas por damas. El único motivo para la abstinencia al uso de prendas y adornos de vestir o consumo de comidas y bebidas lícitas debe ser el amor, así al Señor y a su obra, así a los hermanos débiles en la fe. (Romanos 14; 1 Timoteo 2.7ss).

SUMARIO DE "DOCTRINA CRISTIANA ORTODOXA"

LA DISCIPLINA CRISTIANA

La disciplina en las iglesias es una práctica bíblica que se aplica a aquellos creyentes que han sido sorprendidos en algún pecado, y luego del debido proceso, rehúsan arrepentirse. (Mateo 18.17)

Cuando el hermano ha sido perdonado, la restauración a sus funciones puede cesar por un tiempo prudente para bien de la iglesia. Las amonestaciones disciplinarias cristiana puede incluir: cese de las funciones del hermano en la iglesia, prohibición de participar de la Santa Cena, la oración pública, las participaciones individuales en el culto público, etc. En ciertos casos la mera mención del agravio público es objeto de disciplina. (1 Corintios 5.1)

Luego de agotar el debido proceso bíblico, investigativo y correctivo, la disciplina corresponderá a la expulsión de tal persona de la comunión de la iglesia (esto siempre que agotado el proceso, el hermano rehúsa pedir perdón o arrepentirse, o cuando a pesar de haber pedido perdón la persona sigue reincidiendo en la misma falta). También podría aplicar alguna otra sanción que esté de acuerdo con el testimonio de las Escrituras y que sean aprobadas por la iglesia, si la hubiere.

Nunca se restaurará al hermano exigiendo alguna dote o contribución material. La restauración es el resultado automático de la petición de perdón (arrepentimiento) de la persona, seguido por la muestra testimonial de tal arrepentimiento por parte de la persona que pecó. Algunos ministerios no admiten que el hermano sea restaurado a dicho ministerio cuando la caída produjo manchas públicas imborrables (adulterio, fornicación, etc.). Los pecados públicos ameritan disciplinas del orden público, los privados ameritan disciplinas privadas. (Mateo 15.15ss; 1 Corintios 5).

Las sanciones disciplinarias a los ministros (pastores y ancianos) a menudo son más severas que las disciplinas a aquellos que no lo son. Si uno de éstos es sorprendido en adulterio, fornicación, robo, hechicería, etc., nunca más será posible restablecerlo a su ministerio, aunque no se le niegue la membresía luego del arrepentimiento y de las sanciones temporales de lugar.

Algunos casos no escandalosos, luego de la debida espera y muestra de arrepentimiento, el hermano caído puede ser restaurado a ocupar algunas funciones ministeriales menores, según lo establezca la iglesia local, conforme a las Escrituras.

SUMARIO DE "DOCTRINA CRISTIANA ORTODOXA"

LOS SERVICIOS, LA IGLESIA Y LA CULTURA

Para ser eficaces como ministros del Señor, es menester tener una revisión actualizada de los tiempos en que vivimos. Algunos cristianos se oponen a todo tipo de invención humana, a veces hasta por décadas y centenarios; pero el conocimiento que Dios ha dado a la humanidad es para servir a sus propósitos, inclusive en los ministerios de la iglesia. Debemos siempre ver el lado piadoso de todo lo que tenemos a nuestro alcance, entendiendo que aun el conocimiento científico y el desarrollo tecnológico provienen de Dios, por lo que deberían usarse para todo fin noble.

Es posible que haya que revisar nuestra metodología de hacer la obra del ministerio con cierta periodicidad.

Lo que ha pasado con algunos hermanos sinceros es que suspenden el correr del tiempo en los asuntos ministeriales, y por lo cual pierden su eficacia en su generación, es decir, por estar sirviendo al pasado.

La Biblia restringe todo aquello que nunca debemos hacer y da principio sobre qué hacer para ser buenos servidores de Jesucristo. Es un asunto de conformarse con la sana doctrina. Así que en la iglesia no se han de rechazar los inventos de los hombres, y la iglesia y los creyentes reconocen las ciencias fácticas, así como la sabiduría humana como buenas y procedente de Dios, siempre y cuando no pretendan interpretar las doctrinas mediante su lupa. Debemos procurar usarlos para el bien de la humanidad y como vehículos al servicio del Evangelio.

Al final, lo que Dios procura es que lo que hagamos, sea lo que sea, sea hecho con limpia conciencia en fe, para la gloria de Dios. Este es el principio regulado de todo el que hace del creyente. (1 Corintios 10.31; Efesios 5.19, 20).

LA ADMINISTRACIÓN Y USO DE LOS RECURSOS NATURALES

Dios puso al hombre sobre el planeta tierra para que lo administrara bien. Los recursos bióticos y abióticos (renovables o no) nos fueron dejados para ser utilizados en su justa medida. Todos los seres del planeta fueron puestos en las manos de Adán y sus descendientes para que los administrara con equidad y justicia, y nunca fue la voluntad de Dios que el hombre se enseñoreara del hombre. Así tampoco se nos dejó la tierra y sus recursos para que fueran despilfarrados o maltratados. (Génesis 1.26; 2.15). Así los recursos pluviales y oceánicos nos fueron dispuestos para una justa y equilibrada administración.

Pero en vista de la desgracia del pecado, hemos hecho todo lo contrario a lo que Dios nos ordenó: por lo cual, hemos de dar cuenta ante la corte celestial de nuestra administración de los recursos naturales. Por lo que es responsabilidad de los cristianos velar por la justa y equitativa administración del planeta y sus recursos.

Así que, es nuestro deber no únicamente cuidar de lo que hemos adquirido a precio o por dadiva o por herencia, sino procurar el justo equilibrio en la administración del resto de los recursos debajo del sol; recordando que el Señor nos pedirá cuenta de lo que hicimos o dejamos de hacer por la causa que nos fue encomiada. Esto implica que no debemos apoyar ni justificar algunos excesos del *"Green Peace"* y las distintas sociedades protectoras de animales y especies que han llegado a considerar al hombre menor que un insecto; como tampoco debemos permitir, hasta donde nos lleguen nuestras fuerzas y jurisdicción, el despilfarre que de los recursos naturales hacen algunos industriales y gobiernos a costa del enriquecimiento ilícito y a otros costos indiscriminados. (Romanos 14.10; 1 Corintios 4.2; Lucas 19.11ss; Mateo 25.14ss).

En ese mismo orden, el Señor nos ha dotado de dones, habilidades, talentos, salud, fuerzas, etc., para generar ingresos. Esos ingresos no nos han sido dados para nuestro uso exclusivo, sino que han sido puestos en nuestras manos para una santa, correcta y buena administración. De ahí que el Señor nos manda: 1) sustentar nuestras necesidades

SUMARIO DE "DOCTRINA CRISTIANA ORTODOXA"

individuales y las de nuestra familia; 2) honrar a nuestros padres, incluyendo ayudarles con nuestros bienes, llegado el tiempo y la necesidad; 3) practicar la justicia, el amor y la misericordia con el prójimo, lo cual incluye la práctica de colaborar con la causa del pobre, dar limosna y ayudar a los necesitados; 4) sustentar la economía de la iglesia en la que el Señor nos ponga, apartando ofrendas según vallamos prosperando (en este último punto, muchos eruditos bíblicos proponen el 10% como el mínimo necesario para una equilibrada administración de tus ingresos, lo cual guarda relación con el diezmo de la ley de Dios); 5) guardar para el día malo, teniendo en cuanta que los tesoros deben ser acumulados en el cielo, antes que en la tierra; y 6) pagar los impuestos al gobierno.

Las iglesias son llamadas a usar bien los recursos. A los administradores de las cosas de Dios se les encarga fidelidad. Las iglesias deben procurar con toda diligencia ser ejemplo y modelo de una buena y correcta administración. Se hace absolutamente necesario, en vista de las limitaciones de recursos que a menudo tenemos las iglesias para hacer las gigantescas obras a las que hemos sido llamados, que las iglesias de Dios tengan una buena administración. La Biblia parece enfocar a su pueblo en varios renglones administrativos: 1) se llama a cada quien a administrar bien el tiempo, 2) se hace un llamado individual a ser buenos administradores, 3) Dios da dones administrativos a sus santos, unos para que administren los recursos físicos, tarea la cual era dejada en manos de los diáconos en el Nuevo Testamento, y los misterios de Dios (espirituales) en manos de los ancianos. (Lucas 12.42; 1 Corintios 4.2; Lucas 16.1-15; 19.11ss; Mateo 25.14ss).

Al mismo tiempo, tenemos que ser cuidadosos en seguir los lineamientos del mundo, antes que los de Dios, en esta materia, lo cual aparenta ser la norma de administración en algunas iglesias. Los recursos que le son dados a las iglesias ya tienen prescripciones y usos bíblicos específicos.

LAS RESPONSABILIDADES SOCIALES DE LA IGLESIA Y LOS CREYENTES

Las iglesias del Señor, y por tanto los cristianos, hemos sido llamados a vivir para Dios y sus propósitos. En ese orden, todo lo bueno, todo lo afable, todo lo que es sano y todo lo que es justo y necesario debe no solo ser querido y anhelado por la iglesia y los cristianos, sino procurado. (Filipenses 4.8; Romanos 12.18; 13.3; Hebreos 12.14.)

Así, estamos llamados a trabajar en pro de la educación, la salud, la alimentación, la creación de fuentes y puestos de generación de productos, servicios y empleos, etc. Todo en el espíritu de la excelencia con que Cristo lo haría. (2 Pedro 1.5-8; 1 Corintios 4.2; 2 Corintios 7.1; Lucas 12.48; Efesios 4.22-24.)

Del mismo modo, debemos abogar y trabajar por la expansión del reino estableciendo iglesias y ministerios diversos para el bien del mundo, con el fin de glorificar a Dios. Como cristianos, debemos abogar por la abolición de toda forma de esclavitud. Debemos abogar por la no discriminación racial ni social. Debemos procurar, en la medida de lo posible, el cese de los conflictos y las guerras entre naciones. Debemos siempre procurar la reconciliación y la paz, tanto en las relaciones humanas como en la relación del ser humano con Dios. (1 Timoteo 2.1-4; Romanos 12.18; Hebreos 12.14).

SUMARIO DE "DOCTRINA CRISTIANA ORTODOXA"

EL TRABAJO Y LOS ESTUDIOS

Cuando Dios hizo al hombre y a la mujer, entre otras cosas, les delegó la administrar de los recursos naturales (Génesis 1.26ss), incluyendo su responsabilidad de trabajar la tierra (Génesis 2.15). Estas eran tareas placenteras y agradables al hombre antes de pecar. (Génesis 1.31). Cuando el hombre cayó del estado de perfección en el que había sido creado, comenzó a sufrir terribles consecuencias, incluyendo las dificultades para llevar sus labores a cabo. (Génesis 3.16-19). Desde entonces, el trabajo ha sido más duro y difícil. El mandamiento de Dios sobre dichas responsabilidades humanas de administrar los recursos naturales, reproducirse y trabajar, siguen vigentes y seguirán en vigencia mientras perdure la historia común.

En vista de la negativa a obedecer a Dios que provocó la caída en pecado de nuestros primeros padres (Adán y Eva), Dios ha dado mandamientos y regulaciones para el trabajo, los estudios y la administración de los recursos.

1. La vida equilibrada genera felicidad. (Eclesiastés 2.24-26; 8.15; 4.8)
2. El que no trabaja no debe comer. (2 Tesalonicenses 3.10)
3. El trabajo excesivo es causa de locura y frustración. (Eclesiastés 2.26; 8.15-17)
4. La cantidad de trabajo debe ser proporcional a las responsabilidades del hombre. (Eclesiastés 2.21, 26)
5. Estudiar es un mandato de Dios. (Proverbios 1.20; 4.7; 8.1; 15.14; 18.15; Eclesiastés 2.13; 9.19).
6. El afán y la ansiedad no agradan a Dios. (Mateo 6.25-34; Proverbios 23.4)

El propósito de los estudios debe ser con el fin de conocer mejor a Dios y sus demandas. Así, al estudiar con miras a realizar un oficio, debe ser con el propósito de hacer bien lo que Dios nos ha llamado a hacer. Los estudios se llevan a cabo con el fin de mejorar los oficios, las técnicas, las habilidades, etc., y todo esto procede de Dios. (Eclesiastés 2.26)

El creyente debe tanto orar como procurar consejo antes de emprender la misión de forjar el oficio del cual ha de vivir. Los padres, los pastores y hermanos de experiencia y calificados son los mejores recursos concejales, aparte de las Escrituras, para tomar decisiones sabias en esta vida. De hecho, a estos asuntos corresponden la esencia del libro de Proverbios.

SUMARIO DE "DOCTRINA CRISTIANA ORTODOXA"

EL REINO DE LOS ESPÍRITUS (LOS ÁNGELES)

Cuando la Biblia habla de espíritus inmundos, está hablando de demonios. Cuando habla de demonios, está hablando de ángeles caídos, de los cuales Satanás, el Diablo, Lucifer, Belial, Beelzebú es su príncipe y líder. Los demonios, entonces, son los ángeles que pecaron (2 Pedro 2.4), algunos de los cuales no se conformaron con pecar, sino con quebrantar su dignidad (Judas 6).[64]

Una parte considerable de las apariciones de ángeles santos en las Escrituras, los muestran como poseyendo cuerpos (o vistiéndose de cuerpos en formas humanas, o en apariencia humana tangible). P. ej. Jacob luchó con el Ángel. Gabriel se presentó en forma humana a María en la anunciación. Igual con los ángeles que se le apreciaron a Gedeón y a Manoa, entre otros. (Génesis 16.7-14; 18, 19; 32.22ss; Josué 5.13ss; Jueces 6.11ss; 13; Mateo 1.18-25; 2. 13-23; Lucas 1.5-38; 2.8-20; Juan 20.12; Hebreos 13.2). No así sobre los ángeles malvados (o demonios). Se habla de la organización y los poderes de los demonios (Efesios 6.12, 13), como de personas endemoniadas y de legiones de demonios que moran en algunas personas enfermas y perversas (Marcos 5.9; 16.9; Lucas 8.2; Hechos 8.7; etc.).

Hay decenas de relatos bíblicos mostrándonos a los ángeles con cuerpo. Muchos santos han hospedado ángeles sin saberlo. (Hebreos 13.2). Lo ciertísimo es que los contactos de los profetas y otros santos con ángeles fueron en el contexto de los tales con cuerpos como de hombres. Los santos en luz seremos como "los santos ángeles de Dios, que no se casan", expresión que alude a la posesión corpórea de los ángeles, si bien no se reproducen.

En las Escrituras vemos encuentros angelicales netamente del orden espiritual o intangible. (Éxodos 3.1-4.17; 14.19; Números 20.16;

---

[64] Algunos teólogos de renombre han pensado que esta expresión implica que algunos demonios tomaron cuerpos para emparentar con las hijas de los hombres. (Génesis 6.1-4).

22.22-35; Jueces 2.1-4; 2 Samuel 24.16, 17; 2 Reyes 19.35; 2 Crónicas 21.15,16; 32.21; Mateo 8.28ss; 17.11-21). La literatura apocalíptica (Daniel, Zacarías, Apocalipsis) muestran distintas visiones de ángeles súper poderosos. A fin de cuentas, hay cuerpos celestiales y cuerpos terrenales (1 Corintios 15.40).

El mundo espiritual es tan real como el mundo físico; si bien, atendiendo a los designios divinos, lo espiritual es superior lo físico. (Salmos 8; Hebreos 2.7; 1 Corintios 15.35-50). El universo de los ángeles es verdadero, tanto de los ángeles buenos como el de los ángeles caídos o demonios. (Marcos 8.38; Hebreos 1.7). No sabemos de cuando data su creación, pero son creación de Dios. (Job 38.7; Hebreos 1.7; *Cf.* Isaías 14.11-22).[65] Sabemos que son seres individuales e inteligentes, aunque en la región espiritual de las cosas. Los ángeles poseen habilidades, poderes y fuerzas extraordinarias. (Éxodos 14.19; Números 20.16; Jueces 2.1-4; 2 Reyes 19.35; 2 Crónicas 21.15; 32.21; Salmos 103.20; Isaías 37.36; Daniel 3.28; 6.22; Mateo 24.31; 25.31; 28.2; Hechos 5.19; Hechos 12.8-11; 12.23; 2 Tesalonicenses 1.7).

Los seres angelicales poseen también grados, rangos y posiciones diferentes en sus respectivas organizaciones, así: Ángeles, Arcángeles, Querubines y Serafines. Y pareciera que los ángeles caídos aun preservan los mismos rangos y poderes que poseían antes de caer. (Ver Ezequiel 28.14-16; Efesios 6.12; Judas 8, 9; Apocalipsis 9.11; 12.7).

Los ángeles santos (o escogidos)
Los ángeles santos o ángeles del Señor (Mateo 25.31; 1 Timoteo 5.21; Mateo 1.20; Hechos 5.19; Apocalipsis 14.10) son espíritus ministradores que sirven a los propósitos de Dios, ejerciendo sus ministerios a favor de los herederos de la vida eterna. (Hebreos 1.7, 14)

---

[65] Casi todos los estudiosos ortodoxos de las escrituras consensuan que la creación de los ángeles ocurrió en los seis días de la creación. No obstante, la data es muy escasa aquí. Esto se define apelan do al argumento del silencio, y por inferencias.

SUMARIO DE "DOCTRINA CRISTIANA ORTODOXA"

Dios ha utilizado a los ángeles santos en sus propósitos redentores, muy enfáticamente en la revelación. (Éxodo 3.1-4.17; Daniel 8.16, 9.21; Lucas 1.19, 26; Hechos 7.30, 38, 53; Gálatas 3.19; Hebreos 2.2; Apocalipsis 1.1; 10.9; 17.7; 14.6; 22.6). Los ángeles buenos jugarán un papel preponderante en la parusía, en la segunda venida del Señor, cuando este regrese a consumar esta era e inaugurar la venidera. (Ver Apocalipsis, donde ocurren 67 menciones directas de ángeles).

Si bien algunos ángeles santos han aparecido en forma humana, ellos son seres espirituales, y contrario a los demonios (ángeles caídos), los ángeles escogidos no pueden habitar en los humanos.

Los demonios

En un tiempo en el pasado, del cual no tenemos data precisa, pero si confiable, hubo una rebelión en el mundo de los espíritus (angelical), y que Satanás fue el director de aquella rebelión (1 Timoteo 3.6; 5.21; 2 Pedro 2.4, 10, 11; 1 Juan 3.8; Judas 5, 6; Apocalipsis 9.11), arrastrando consigo una multitud de ángeles, a saber, una tercera parte de ellos. (Apocalipsis 12.3, 4, 7, 9). Y desde entonces se creó un cierto desequilibrio universal porque aquellos seres malvados permanecieron con sus poderes originales. (Apocalipsis 9.11; 12.7, 9; 16.14). Y aunque tienen límites, a lo menos algunos traspasaron los límites que se les había impuesto (Judas 6). De hecho, una parte de los ángeles malvados (demonios) no están en operación, están en prisiones de oscuridad, reservados para el juicio de los ángeles, por haber traspasado los límites, "no guardaron su dignidad". (Judas 6; Génesis 6.1-4).

La maldad de los hombres, como consecuencia de la caída y la interacción de los demonios en el reino de los hombres (Génesis 3), llegó al colmo y Dios tuvo que destruir el mundo de entonces, dejando vivos solo a Noé y su familia. (Ver Génesis 6)

Pero, a pesar del apresamiento de aquellos seres infernales, los que no fueron apresados siguen ejerciendo su ministerio de maldad y error en el mundo de los hombres, y si bien no deben traspasar los límites que les fueron impuestos como a aquellos demonios que fueron apresados en el *tártaros* (la región más secreta del infierno), pueden habitar, inclusive en grupo, en un humano. (Mateo 8.28ss; Mateo 17.11-21).

La procura y la empresa de Satanás y sus demonios es traer miseria a los hombres, arruinar al máximo grado a la raza humana, hundirla más allá de donde el hombre puede llegar debido a sus propios pecados y desvarío en abierta rebelión contra Dios y sus leyes. (Juan 10.10; 13.27; Lucas 22.3; Mateo 27.3-5).

Satanás
Satanás, quien había sido un ángel bueno, quizás un querubín protector, lamentablemente se corrompió y cayó, por lo cual fue condenado. (Ezequiel 28.14-16; 1 Timoteo 3.6). Satanás es nombrado el gran dragón, la serpiente antigua, cuyo nombre es diablo y Satanás, el cual engaña al mundo entero. (Apocalipsis 12.9; 20.2). Hay diversos otros nombres que se le atribuyen a Satanás en las Escrituras (Lucifer, Belial, Beelzebú, etc.). Satanás es el padre de mentira, el engañador, el destructor. Satanás es tanto el príncipe de los demonios, como el príncipe de este mundo. (Juan 8.44; 10.10; 1 Corintios 11.15). Satanás es un maestro del disfraz, pues se viste como ángel de luz para engañar. (2 Corintios 11.14)

Satanás comanda las fuerzas de los demonios. Aunque no sea el más feroz y cruel de los demonios, es su rey. En tal sentido, su rango de acción es amplio, debido a la innumerable cantidad de demonios que le sirven.

Si bien Satanás no es omnisciente, tiene ciertas ventajas porque puede poseer a una persona, los demonios también, e incluso entrar en esa persona (Juan 13.27). Puede también atar a personas (Lucas 13.16). En su estrategia de engaño puede entrar e influenciar a los grandes y a los falsos para hacer milagros. (2 Tesalonicenses 2.9; Hechos 5.3). Satanás, incluso, puede tentar, zarandear, estorbar y

SUMARIO DE "DOCTRINA CRISTIANA ORTODOXA"

ganar ventaja sobre los creyentes (Lucas 22.31; 1 Corintios 5.7; 2 Corintios 2.11; 1 Tesalonicenses 2.18). En su plan de engaño, utiliza muchas artimañas, maquinaciones y estratagemas contra el pueblo santo.

Satanás no tiene la hegemonía ni el campo de acción que tenía antes de caer. Satanás y sus demonios fueron arrojados de la esfera universal a la terrestre. (Apocalipsis 12.4, 9). De hecho, la inauguración del Reino de Dios por Jesucristo limitó la esfera de poder de Satanás al infringirle cierta atadura (Mateo 12.28, 29); además de enjuiciarle (Juan 16.11); quedando el Cristo crucificado y resucitado como Soberano sobre Satanás y sus fuerzas (Colosenses 1.16; 2.10). Pero sigue teniendo una acción poderosa que puede arruinar personas, familias, iglesias, ciudades y reinos. Él es el príncipe de este mundo. (Juan 12.31; 14.30; 16.11; Efesios 2.2).

Por ello, los santos hacemos bien en no ignorar ni a Satanás, ni a sus huestes, ni su modo operandi, ni sus maquinaciones y estratagemas. Tampoco debemos ignorar la rampante lucha que libramos contra las fuerzas del error, entendiendo que somos soldados de Cristo, que el Espíritu está en nosotros y con nosotros, y que los ángeles buenos están a nuestro servicio.

Satanás será enjuiciado y condenado por el Señor al final de todo.

Si intentáramos sacar los ángeles y la realidad inmaterial o espiritual de la Biblia, entonces no quedaría ni una sola página íntegra de Esta. Dios siempre ha utilizado a los ángeles (buenos y malos) para sus múltiples propósitos universales.

El diablo quiere que ignoremos la realidad de los poderes de los ejércitos del mal, sus maquinaciones, sus planes, sus propósitos y su modo de operar. El mal es una realidad, y Satanás se contenta con que pensemos que su acción está exclusivamente en el ocultismo y en las religiones de misterios, donde la manifestación satánica es abierta. Satanás quiere que pensemos que solo hay manifestación demoníaca en el vudú, la brujería, la magia (blanca y negra), en las consultas astrales, la lectura de los signos zodiacales, y las religiones abiertamente satánicas.

La sola presencia de los espíritus malignos entre los hombres es pan nuestro de cada día. El diablo y sus demonios han conspirado contra el reino de los hombres y poseen a la gran mayoría de hombres, aunque aparenten comunes y corrientes. Sus vicios, lujurias, orgías, y deseos insaciables los delatan. Casos como la prostitución, el homosexualismo, el bestialismo, la pedofilia, entre otros vicios, a menudo responden a posesiones demoníacas. (Ver Lucas 8.2; Efesios 2.3, 4).

El creyente frente a las fuerzas del mal

Aunque los ángeles son mayores y más poderosos que los hombres, y siendo que los ángeles malvados pueden poseer, inclusive, a los hombres impíos, y a pesar de su organización; los creyentes no solo debemos resistirlos, sino que podemos. (Santiago 4.7; 1 Corintios 10.21).

Si bien el pecado y la maldad entraron en el reino de los hombres por intervención de Satanás, y desde entonces todo nacido es pecador, no obstante, y desde entonces, el pecado es inherente al ser humano, es una condición innata. Por lo que es incongruente, tanto atribuir nuestros males e injusticias a la acción de los demonios y de Satanás, aunque en algunos asuntos ciertamente lo es. Pero ni satanás ni los demonios son omnipresentes. Mas bien, son criaturas limitadas.

Por otra parte, la lucha del creyente no es ni contra sangre ni contra carne, sino contra "las huestes espirituales de maldad en los aires". (Efesios 6.10-14). Desde su caída, Satanás se ha opuesto al bien y con sus huestes espirituales de maldad se opone contra todo lo que se llama Dios, es piadoso o es objeto de culto, procurando tergiversarlo.

SUMARIO DE "DOCTRINA CRISTIANA ORTODOXA"

Pero los creyentes no estamos solos en esta lucha contra el reino de las tinieblas y del Diablo, Jesucristo es nuestro protector, escudo, fortaleza y capitán. También, los ángeles santos han sido ordenados a servir en favor de quienes hemos de heredar la vida eterna. (Hebreos 1.14). Sobre estos invencibles y más nobles poderes, los santos tenemos al Espíritu Santo de Dios morando en nosotros. (Romanos 5.5; 8.9; Efesios 1.13, 14). Esta coraza y protección hace imposible que Satanás y/o los demonios tomen posesión de un verdadero creyente. ¿Pueden acaso cohabitar la luz y las tinieblas? ¿Pueden acaso Cristo y Belial habitar juntos? (2 Corintios 6.14-16).

Estando entonces apercibidos de estas cosas, los santos debemos estar claros de la realidad espiritual y angelical. Los ángeles santos operan en nuestro favor, pero batallamos contra las huestes espirituales de maldad. Debemos no cometer el error de ignorar las maquinaciones y artimañas de Satanás, para que el enemigo no gane ventaja sobre nosotros. (2 Corintios 2.11; 1 Tesalonicenses 2.18).

Pero es incongruente ver al enemigo en todo lo pecaminoso y malo. Cuando eso hacemos estamos pensando que el enemigo es omnipresente, cualidad que solo posee Dios. (Santiago 1.13-15; 4.7). Pero, al mismo tiempo, es ignorancia e ingenuidad obviar los poderes espirituales malvados, tanto como los poderes y actividades de los ángeles buenos. (Jueces 6.22; 13.3; 2 Samuel 24.16; 2 Reyes 19.35; Salmo 34.7; Isaías 37.36; Daniel 3.28; 6.22).

EL FIN DE LA PRESENTE ERA (ESCATOLOGÍA)

El fin de la era presente está pautado y planeado en la sola potestad de Dios. Creemos que Cristo vuelve otra vez, que en ese retorno de Cristo todos los seres humanos de la historia del planeta, muertos hasta ese día, serán reincorporados, unos primeros y otros después, y los que estén vivos ese día serán transformados y no verán muerte, siguiendo a los que resucitarán primero. La primera resurrección corresponde a los santos de todas las épocas y la segunda resurrección comprende a los réprobos de todas las edades. Después de esto, en el tiempo señalado, todos hemos de comparecer ante el gran juicio de Dios para pagar a cada quien conforme a lo que haya hecho en vida, sea bueno o sea malo, y todo el que no se halló inscrito en el libro de la vida será condenado al infierno de fuego por toda la eternidad. En ese juicio de Dios habrá galardones distintos para los salvados (por gracia) según sus obras y penas distintas para los condenados según sus obras, conforme a la justicia divina. Aquel será el día grande y temible del Señor en el cual mostrará más que su gracia, su justicia y sus juicios. (Ver Juan 5.28, 29; 1 Tesalonicenses 4.13-5.11; Mateo 24, 25; Lucas 21; 1 Corintios 15; 2 Tesalonicenses 1, 2; 2 Pedro 3; Apocalipsis 4ss).

El sagrado y continuo deber de todo creyente es ser fiel a Dios en todo, amándolo con todas sus fuerzas en santo temor; perseverando firmes en la fe hasta el fin, cuando nuestro Señor enjugará toda lágrima nuestra, trayendo la justicia perdurable, la paz y el gozo, conforme a nuestra santa y bienaventurada esperanza en El. ¡Amén!

APÉNDICE

I. LAS **CINCO (5) SOLAS** DE LA REFORMA.

II. LOS **CINCO (5) PUNTOS DEL CALVINISMO** (LOS CANONES DE DORT), CONTRASTANDO EL ARMINIANISMO Y LA HETERODOXIA.

III. LOS **SIETE (7) ARTÍCULOS** DE LAS IGLESIAS ANABAUTISTAS (DE SCHLETHEIM DE 1527).

IV. LOS DISTINTIVOS Y **PRINCIPIOS BAUTISTAS**.

V. UN SUMARIO DE **LA DISCIPLINA DE LA IGLESIA** (DE LA ASOCIACIÓN BAUTISTA DE CHARLESTON DE 1774).

VI. EL **ESTRACTO DE LOS PRINCIPIOS** (THE ABSTRACT OF PRINCIPLES).

VII. UN LISTADO DE LAS **CONFESIONES** DE FE MÁS SOBRESALIENTES DE LA HISTORIA.

LAS ASÍ DENOMINADAS: CINCO (5) SOLAS DE LA REFORMA

Las así llamadas "Cinco Solas de la Reforma" fueron y representan las principales doctrinas que conformaron la defensa de los reformadores de la fe bíblica y evangélica. No se trata de doctrinas que los reformadores inventaron o descubrieron, sino doctrinas que estaban en gran medida enterradas, y por tanto desterradas en la mente de los "cristianos" en los días de la reforma.

Las doctrinas de Roma y su complejo sacramentalismo habían relegado al baldo del olvido las doctrinas de la salvación (doctrinas de la gracia). La gesta reformada consistió en un despertar de la fe evangélica, implicando entonces que las doctrinas de la salvación, acuñadas a la soberanía de Dios, fueran desempolvadas y expuestas en los púlpitos, panfletos, libros, debates, etc., por toda Europa occidental primero, y luego a muchos rincones del mundo.

A continuación, bosquejamos y sumariamos las famosas "Cinco Solas de la Reforma". [66]

1. Sola Escritura (*Sola Scriptura*)
2. Solo Cristo (*Solus Christus*)
3. Solo la Fe (*Sola Fide*)
4. Solo la Gracia (*Sola Gratia*)
5. Solo a Dios la Gloria (*Soli Deo Gloria*)

---

[66] Tomadas del libro: "Las 5 Solas de la Reforma". Págs. 76-79.

SUMARIO DE "DOCTRINA CRISTIANA ORTODOXA"

SOLA ESCRITURA

"*Sola Scriptura*" no significa que Dios solo se haya mostrado en las Escrituras, sino que las sagradas escrituras son la única revelación autoritativa, infalible e inerrante de todo conocimiento y obediencia salvadores, y por ello 'la **autoridad última** en todo asunto de fe y práctica'. Que la fe que me acerca a Cristo ha sido revelada solo en la Escritura.

Así que, aunque algún aspecto de Dios se nos ha mostrado tanto en la historia, como en algunas experiencias que profetas y padres tuvieron, y también como en la creación misma de forma muy brillante (Salmos 19.1-4; Romanos 1.18-21), la única revelación autorizada para el conocimiento concreto, verdadero, perfecto y salvador de Dios en Cristo es la "Sola Escritura". De ahí:

> *La ley de Jehová es perfecta,*
> *Que convierte el alma;*
> *El testimonio de Jehová es fiel,*
> *Que hace sabio al sencillo.*
> (Salmos 19.7)

Texto que hace enfática referencia no a la *Torah* como una sección de la revelación plenaria, sino a toda la revelación especial o escrita de Dios dada a los hombres.

SOLO CRISTO

"**Solus Chistus**" no significa ni que *Solo Jesús* representa la divinidad, ni que Jesús sea una modalidad de Dios, ni tampoco que Solo Jesús merece la adoración universal de las criaturas, sino: "Solo Cristo es el Señor y el Redentor". O bien: "El pecador es salvo al poner su fe y confianza en Cristo el Señor solamente".

Esta *sola* apunta a que Cristo es el único Señor de señores, el Rey de reyes, el Hijo unigénito, el Redentor, Dueño y Cabeza de la iglesia, el único que es Dios-Hombre, el único Hombre que es a la vez cien por ciento Dios y por tanto digno de recibir toda la gloria, la alabanza, el honor, el dominio, el poder, la honra, la majestad y la alabanza de las criaturas, a quien pertenecen todas las cosas y bajo cuyos pies han sido puestos todos los poderes y dominios universales. Jesús es la suma de la sabiduría, en quien están escondidos todos los tesoros de los misterios de la sabiduría de Dios, ante quien ha de postrarse toda rodilla y toda lengua confesará que "Jesús es el Señor", para la gloria de Dios. Jesús Solo es el heredero del trono de David su padre, es decir, el Mesías prometido, de quién, por quién y para quién son todas las cosas, por cuanto agradó al Padre que en Él habitase toda la plenitud de la divinidad, siendo el Hijo Unigénito engendrado eternamente del Padre.

Solo Cristo, y este como Señor y Dios encarnado, es el tema del evangelio, el contenido de la fe, el tratado de la revelación divina. Él es el único Salvador, el autor y consumador de la Fe.

SUMARIO DE "DOCTRINA CRISTIANA ORTODOXA"

SOLA FIDE

"*Sola Fide*" establece que la justificación (la salvación) es otorgada al hombre no por mérito alguno que este posea, sino por creer en Jesucristo como su Señor y Salvador.

Esta doctrina hace eco del archifamoso verso en Efesios 2.8, 9.

> "⁸Porque por gracia sois salvos por medio de la fe; y esto no de vosotros, pues es don de Dios; ⁹no por obras, para que nadie se gloríe. ¹⁰Porque somos hechura suya, creados en Cristo Jesús para buenas obras, las cuales Dios preparó de antemano para que anduviésemos en ellas".

La doctrina de la *Sola Fide* procura explicar Romanos 3.21-29.

> "Pero ahora, aparte de la ley, se ha manifestado la justicia de Dios, testificada por la ley y por los profetas; ²²la justicia de Dios por medio de la fe en Jesucristo, para todos los que creen en él. Porque no hay diferencia, ²³por cuanto todos pecaron, y están destituidos de la gloria de Dios, ²⁴siendo justificados gratuitamente por su gracia, mediante la redención que es en Cristo Jesús, ²⁵a quien Dios puso como propiciación por medio de la fe en su sangre, para manifestar su justicia, a causa de haber pasado por alto, en su paciencia, los pecados pasados, ²⁶con la mira de manifestar en este tiempo su justicia, a fin de que él sea el justo, y el que justifica al que es de la fe de Jesús.
>
> ²⁷¿Dónde, pues, está la jactancia? Queda excluida. ¿Por cuál ley? ¿Por la de las obras? No, sino por la ley de la fe. ²⁸Concluimos, pues, que el hombre es justificado por fe sin las obras de la ley. ²⁹¿Es Dios solamente Dios de los judíos? ¿No es también Dios de los gentiles? Ciertamente, también de los gentiles. ³⁰Porque Dios es uno, y él justificará por la fe a los de la circuncisión, y por medio de la fe a los de la incircuncisión".

Las Cinco Solas de la Reforma

A resumidas cuentas, *"Sola Fide"* establece claramente que no hay nada en el hombre que le haga merecedor de la salvación, por lo que la salvación es una condescendencia voluntaria divina que se obtiene por medio de la fe en Jesucristo, para todo aquel que cree, sin distinción alguna. Todo el que cree es igualmente, y a la misma medida, justificado, salvado, adoptado, libertado, santificado y glorificado.

No hay que pasar por alto aquí que la fe en sí misma es un don de gracia, no es ni humana ni engendrada por alguna facultad humana. La fe es de principio a fin un don de Dios.

SUMARIO DE "DOCTRINA CRISTIANA ORTODOXA"

SOLA GRACIA

"***Sola Gratia***" no apunta a la gracia como el todo de Dios, sino a que la salvación y todas las virtudes salvadoras proceden de Dios por absoluta voluntad divina. Que, de nuevo, la salvación es completamente una prerrogativa divina para la cual no recibió sugerencias, ni consejo de nada ni nadie; y que la salvación (y su dispendio) es administrado de principio a fin "Solamente por Él", lo cual hace "por gracia" o "de pura gracia".

Sola Gracia define que todo bien salvador es la condescendencia voluntaria de Dios, y que no existió ni existirá mérito o credencial alguna en que Dios pudo haberse basado para salvarla a hombre alguno, sino solo su amor y su propia gloria, única cosa que motivó y movió a Dios a escogernos y redimirnos.

SOLO A DIOS LA GLORIA

"***Soli Deo Gloria***" no alude a que el Espíritu Santo y Cristo no deben ser adorados con expresiones cúlticas, sino que Dios siendo Padre, Hijo y Espíritu Santo es merecedor absoluto de toda la gloria, en todo, y nunca las criaturas. Y especialmente en materia de los méritos para la salvación, la redención, la justificación y las otras gracias salvadoras. Ningún hombre, ni el más fino y sobresaliente de todos los predicadores y misioneros debe jamás tomar ni una sola gota de la gloria en el plan de redención (ni de ninguna de sus partes de principio a fin). "Solo Dios debe recibir la gloria, la alabanza, el honor, la magnificencia y todo crédito aquí".

A resumidas cuentas, las "Cinco Solas" enfatizan la soberanía absoluta de Dios, y establecen de una vez por todas que:

"La salvación es [solamente] de ***YaHWeH***". (Jonás 2.9b)

LA CONFESIÓN ANABAUTISTA DE SCHLEITHEIM (DE 1527)

La Confesión de Schleitheim probablemente fue editada por *Michael Sattler* en 1527 y en la misma se exponen las principales persuasiones anabaptistas, como el bautismo, la excomunión, la Cena del Señor, los pastores, el Estado y los juramentos. Es decir, no se tratan los esperados temas en una confesión de fe como la doctrina de Dios, el hombre, la salvación, etc., sino que tiene que ver con el orden y la disciplina en la iglesia.[67]

Amados hermanos y hermanas: Nosotros, que nos hemos reunido en el Señor en Schleitheim am Randen declaramos, en puntos y artículos, a todo aquel que ama al Señor: Que en cuanto a nosotros atañe, hemos sido conducidos a esta unidad en la que nos plantamos firmes en el Señor como hijos obedientes de Dios (hijos e hijas) que hemos sido separados y nos mantendremos separados del mundo en todo lo que hagamos y dejemos de hacer. La alabanza y la gloria sean solo para Dios, esto ha sido posible sin la disconformidad de nadie, hallándose todos los hermanos en completa paz al respecto. En esto hemos sentido la unidad del Padre y de nuestro Cristo común, hechos presentes con nosotros por medio de su Espíritu. Porque el Señor es Señor de paz y no de contienda, como Pablo indica. Para que veáis en qué puntos experimentamos esto, debéis observar y comprender lo siguiente:

Una gran ofensa ha sido introducida entre nosotros por ciertos falsos hermanos, por la que varios se han apartado de la fe, pretendiendo practicar y observar la libertad del Espíritu y de Cristo. Pero estas personas se han desviado de la verdad (para su propia condenación)

---

[67] Todo el documento fue tomado de la página de la Iglesia Evangélica Pueblo Nuevo de la calle Villacarlos, Madrid, España: http://www.iglesiapueblo-nuevo.es/index.php?codigo=historiap174
  Consulte también el documento: "Antiguas Confesiones de Fe Menonitas", edición preparada por Dionisio Byler en 1995. (www.menonitas.org)

y se han entregado a la lascivia y el libertinaje de la carne. Han pensado que la fe y el amor pueden hacer y permitir cualquier cosa y que nada les puede dañar ni condenar, ya que presumen de "creyentes".

Tomad nota de ello vosotros, miembros de Dios y de Cristo Jesús, que la fe en el Padre celestial por medio de Jesucristo no toma esa forma; que no produce ni genera tales cosas como estos falsos hermanos y hermanas practican y enseñan.

Guardaos y estad sobre aviso respecto a tales personas, puesto que no sirven al Padre, sino a su propio padre, el diablo.

Pero entre vosotros esto no es así; puesto que los que están en Cristo han crucificado la carne con toda su lujuria y sus deseos. Ya me entendéis, y sabéis a quienes nos referimos. Separaos de ellos, puesto que se han pervertido. Rogad al Señor que les sea concedido el conocimiento que produce arrepentimiento, y rogad por nosotros, que nos mantengamos constantes y perseveremos en el camino que hemos emprendido, para la gloria de Dios y de Cristo su Hijo, amén.

LOS SIETE ARTÍCULOS

Los artículos que hemos tratado y en los que hemos sido conducidos a la unidad, son estos: *el bautismo, la excomunión, el partimiento del pan, la separación de la abominación, los pastores de la congregación, la espada, el prestar juramento.*

I. OBSERVAD RESPECTO AL BAUTISMO

El bautismo será administrado a todos aquellos que hayan sido instruidos en el arrepentimiento y el cambio de vida, que de verdad creen que sus pecados les han sido quitados por medio de Cristo, y a todos aquellos que desean andar en la resurrección de Jesucristo y ser sepultados juntamente con él en la muerte, a fin de resucitar juntamente con él; a todos aquellos que entendiendo estas cosas, lo desean ellos mismos y nos lo piden. En esto queda excluido todo bautismo infantil, que constituye la primera y mayor de las abominaciones del papa.

Respecto a esto, tenéis razones y testimonio de sobra en los escritos y en la práctica de los apóstoles. Nos atenemos a esto con sencillez, pero con toda firmeza y seguridad.

II. HEMOS SIDO CONDUCIDOS A LA UNIDAD RESPECTO A LA EXCOMUNIÓN DE LA MANERA SIGUIENTE

La excomunión ha de emplearse con todos aquellos que se han entregado al Señor para seguirle en sus mandamientos; aquellos que han sido bautizados en un mismo cuerpo de Cristo, y presumen de llamarse hermanos o hermanas, y que a pesar de todo acaban cayendo en el error o el pecado, siendo sorprendidos en su simpleza. Tales personas han de ser advertidas dos veces en privado, y una tercera vez han de ser amonestados en público ante la congregación entera según el mandamiento de Cristo (Mateo 18). Sin embargo, esto ha de hacerse conforme al orden establecido por el Espíritu de Dios, antes del partimiento del pan, para que podamos todos partir y comer de un mismo pan y beber de una misma copa en un mismo espíritu y en un mismo amor.

SUMARIO DE "DOCTRINA CRISTIANA ORTODOXA"

III. **RESPECTO AL PARTIMIENTO DEL PAN, HEMOS LLEGADO A LA UNIDAD Y ESTAMOS DE ACUERDO ASÍ**

Todos los que desean partir el mismo pan en conmemoración del cuerpo partido de Cristo, y todos los que desean beber de una misma bebida en conmemoración de la sangre vertida de Cristo, primeramente han de estar unidos en un mismo cuerpo de Cristo, o sea la congregación de Dios, cuya cabeza es Cristo; y esto mediante el bautismo. Porque como Pablo indica, no podemos participar a la vez de la mesa del Señor y de la mesa de los diablos. Tampoco podemos participar y beber a la vez de la copa del Señor y de la copa de los diablos.

O sea que nadie que tenga compañerismo con las obras muertas de las tinieblas puede participar en la luz. Así, ninguno que siga al diablo y al mundo puede tener parte entre los que han sido separados del mundo para Dios. Quienquiera que yace en la maldad, no halla lugar entre los buenos.

Por este motivo tiene forzosamente que resultar que todo aquel que no comparte un mismo llamado de un mismo Dios a una misma fe, a un mismo bautismo, a un mismo Espíritu, a un mismo cuerpo conjuntamente con todos los hijos de Dios, tampoco puede ser partícipe de un mismo pan con ellos, tal y como tendría que suceder en cuanto uno quisiera partir el pan correctamente según el mandamiento de Cristo.

IV. HEMOS SIDO CONDUCIDOS A LA UNIDAD TOCANTE A LA SEPARACIÓN QUE HA DE MANTENERSE RESPECTO A LOS MALOS Y PERVERSOS QUE EL DIABLO HA SEMBRADO EN ESTE MUNDO, SENCILLAMENTE COMO SIGUE

En que no hemos de tener comunión con los tales, ni correr juntamente con ellos en la confusión de sus abominaciones. Por este motivo: Todos los que no han entrado a la obediencia de la fe y no se han unido a Dios de tal manera que anhelan hacer su voluntad, son una gran abominación delante de Dios; por consiguiente, aparte de cosas abominables, ninguna otra cosa puede salir ni brotar de ellos. Ahora bien: No existe en el mundo otra cosa que el bien y el mal, la fe y la infidelidad, las tinieblas y la luz, el mundo y aquellos que han sido separados del mundo, el templo de Dios y los ídolos, Cristo y Belial; y es imposible que tengan comunión entre sí.

A nosotros, entonces, el mandamiento de Dios nos resulta obvio, mediante el cual nos manda separarnos y mantenernos separados del malvado, a fin de que Él sea nuestro Dios y nosotros seamos sus hijos e hijas.

Además: Él nos exhorta por tanto salir de Babilonia y del Egipto terrenal, para que no seamos partícipes en su tormento y sufrimiento, que el Señor traerá sobre ellos.

De todo lo cual debemos aprender que todo aquello que no haya sido unido a Dios en Cristo no puede ser otra cosa que una abominación cuyo contacto hemos de evitar. Nos referimos con esto a todas las obras e idolatría y reuniones papistas y contra-papistas, a la asistencia a iglesias y casas de alterne, a las fianzas y garantías de los infieles, y a otras cosas por el estilo, cosas que el mundo tiene en alta estima y que sin embargo son carnales o incluso rotundamente contrarias al mandamiento de Dios, según el patrón de la iniquidad que hay en este mundo. Hemos de separarnos de todas estas cosas y

SUMARIO DE "DOCTRINA CRISTIANA ORTODOXA"

no tener nada que ver con ellas, ya que no son más que abominaciones que nos harían despreciables delante de nuestro Cristo Jesús, quien nos ha liberado de la servidumbre a la carne y hecho aptos para servir a Dios y al Espíritu que él nos ha dado.

Por la misma lógica hemos de dejar de lado también las armas diabólicas de la violencia, tales como la espada y la armadura (y renunciar a su empleo para protección de amigos y contra enemigos), teniendo en cuenta la palabra de Cristo: "no resistáis al que es malo".

V. **HEMOS SIDO CONDUCIDOS A LA SIGUIENTE UNIDAD SOBRE LOS PASTORES EN LA IGLESIA DE DIOS**

El pastor en la iglesia ha de ser una persona acorde con la regla de Pablo, plena y completamente, que goza de buena reputación con los que están fuera de la fe. La función de tal persona será la de leer y exhortar y enseñar, advertir, amonestar y excomulgar en la congregación, y de presidir entre los hermanos y las hermanas en la oración y en el partimiento del pan, y en todas las cosas cuidar el cuerpo de Cristo, para que sea edificado y se desarrolle, a fin de que el nombre de Dios sea alabado y honrado por medio nuestro, y la boca del que se burla sea cerrada.

Ha de ser mantenido, según fuere su necesidad, por la congregación que le haya elegido, para que todo aquel que sirve el evangelio pueda asimismo vivir de ello, tal y como el Señor lo ha ordenado.

Mas si el pastor hiciere algo digno de represión, nada se hará con él sino es mediante la palabra de dos o tres testigos. Si pecan serán reprendidos públicamente, para que otros teman.

Mas si el pastor tuviera que huir o fuera conducido al Señor mediante la cruz, en esa misma hora otro será ordenado en su lugar, para que el pequeño pueblo y la manada pequeña de Dios no sea destruida, sino que sea conservada y consolada.

VI. HEMOS SIDO UNIDOS COMO SIGUE TOCANTE A LA ESPADA

La espada constituye un ordenamiento de Dios fuera de la perfección de Cristo. Castiga y mata a los malvados, y guarda y protege a los buenos. En la ley, la espada fue establecida sobre los malvados para castigo y para muerte, y los gobernantes seculares son establecidos para emplearla.

Mas en la perfección de Cristo solo se emplea la excomunión, para la amonestación y la exclusión del que ha pecado, sin la muerte de la carne sino sencillamente mediante la advertencia y el mandamiento de que deje de pecar:

Muchos, al no comprender la voluntad de Cristo para nosotros, se preguntarán si un cristiano no puede y debe hacer uso de la espada contra los malvados para protección y defensa de los buenos, o motivados por el amor.

La respuesta nos ha sido revelada por unanimidad: Cristo enseña y manda que aprendamos de él, que es manso y humilde de corazón, y que así hallaremos descanso para nuestras almas. Cristo dice a la mujer hallada en adulterio, no que deba ser apedreada según la ley del Padre (aunque dice: "lo que el Padre me ha mandado, eso he hecho"), sino que con misericordia y perdón y una amonestación de que no peque más, dice: "Ve, y no peques más". Es exactamente así como debemos proceder nosotros también, según la regla de la excomunión.

En segundo lugar, algunos preguntan respecto a la espada si un cristiano debe dictar sentencia en disputas y contiendas sobre asuntos terrenales, tales como los incrédulos tienen entre sí. La respuesta:

SUMARIO DE "DOCTRINA CRISTIANA ORTODOXA"

Cristo no quiso decidir ni juzgar entre dos hermanos respecto a su herencia, sino que se negó a ello. Así también debemos proceder nosotros.

En tercer lugar, suele preguntarse respecto a la espada si un cristiano debe servir como magistrado si resulta nombrado a tal cargo. La respuesta es la siguiente: Quisieron poner a Cristo como rey, pero el huyó y no vio en ello la voluntad de su Padre. Nosotros debemos hacer como él hizo y seguirle a él, y así evitaremos andar en las tinieblas.

Porque él mismo dijo: "Todo aquel que quiera venir en pos de mí, niéguese a sí mismo y tome su cruz y sígame". Además, él mismo prohíbe la violencia de la espada cuando dice: "Los príncipes de este mundo se enseñorean sobre ellos, etc., pero no sea así entre vosotros". Además, Pablo dice: "A los que conoció de antemano, Dios los predestinó a ser hechos conformes a la imagen de su Hijo, etc.". Pedro también dice: "Cristo sufrió -no reinó -dejándoos ejemplo para que sigáis sus pisadas".

Por último, queda claro por los siguientes puntos que no le corresponde al cristiano la magistratura: el gobierno de las autoridades es conforme a la carne, mas el de los cristianos conforme al Espíritu. Sus casas y morada permanecen en esta tierra, la de los cristianos les aguarda en el cielo. Su ciudadanía está en este mundo, la de los cristianos está en el cielo. Las armas de su contienda y guerra son carnales y tan solo eficaces contra la carne, mas las armas de los cristianos son espirituales, eficaces contra toda fortaleza del diablo. Los mundanos se arman con acero y hierro, mas los cristianos se arman con la armadura de Dios, con verdad, justicia, paz, fe, salvación, y con la Palabra de Dios. En una palabra: así como piensa Cristo, nuestra Cabeza, así también hemos de pensar los miembros del cuerpo de Cristo por medio de él, para que no haya división en su cuerpo, lo cual resultaría en su destrucción. Entonces, puesto que Cristo es tal como se escribe acerca de él, así también sus miembros han de ser iguales, para que su cuerpo permanezca entero y unido para su propio progreso y edificación.

Porque cualquier reino que esté dividido en sí mismo, será destruido.

VII. **HEMOS SIDO UNIDO COMO SIGUE RESPECTO AL JURAMENTO:**

El juramento es una confirmación entre los que están discutiendo o haciéndose promesas. En la ley viene mandado que se pronuncie en el nombre de Dios, verazmente y no en falso. Cristo, que enseña la perfección de la ley, prohíbe todo juramento entre sus seguidores, tanto si es veraz como si es falso; ni por el cielo ni por la tierra, ni por Jerusalén ni por la propia cabeza; y esto por el motivo que explica: "Porque no puedes hacer blanco o negro ni un solo cabello". Por lo que se ve claramente que queda prohibido prestar cualquier juramento. No podemos ejecutar lo que se amenaza al jurar, puesto que somos incapaces de cambiar lo más diminuto de nuestra naturaleza.

Ahora bien, hay personas que no creen el sencillo mandamiento de Dios y dicen: "Sin embargo Dios juró por sí mismo a Abraham, porque él era Dios (cuando le prometió que le haría bien y que sería su Dios si guardaba sus mandamientos). Entonces, ¿por qué no puedo jurar yo mismo si le prometo a alguien alguna cosa?" La respuesta: Oíd lo que dice la Escritura: "Dios, deseando mostrar más plenamente a los herederos de la promesa la inmutabilidad de su propósito, interpuso un juramento, a fin de que por dos cosas inmutables seamos grandemente consolados (porque es imposible que Dios mienta)". Observad el sentido del pasaje: Dios tiene poder para hacer lo que te prohíbe a ti, puesto que para él todo es posible. Dios le juró solemnemente a Abraham, dice la Escritura, a fin de dar fe de que su palabra es inmutable. Eso quiere decir: nadie puede interponerse o desbaratar su voluntad; de manera que él puede cumplir su juramento. Pero nosotros, como dijo Cristo, no podernos ejecutar o cumplir nuestro juramento y por lo tanto no debemos jurar.

Otros dicen que el prestar juramento no puede quedar prohibido por Dios en el Nuevo Testamento cuando había quedado mandado en el Antiguo. Según ellos, lo único que se prohíbe es que se jure por el

SUMARIO DE "DOCTRINA CRISTIANA ORTODOXA"

cielo, la tierra, Jerusalén y nuestra cabeza. Respuesta: oíd la Escritura. Todo aquel que jura por el cielo, jura por el trono de Dios y por aquel que en él se sienta. Observad: queda prohibido jurar por el cielo, que tan solo es el trono de Dios. ¿Cuánto más queda prohibido jurar por Dios mismo? Ciegos necios, ¿qué es mayor? ¿El trono, o aquel que en él se sienta?

Otros dicen, entonces si está mal emplear a Dios para establecer la verdad, entonces los apóstoles Pedro y Pablo también juraron. Respuesta: Pedro y Pablo tan solo dan testimonio de aquello que Dios había prometido a Abraham, cosas que años más tarde nosotros hemos recibido. Pero cuando uno testifica, testifica respecto a realidades presentes, sean buenas o malas. Es así como Simeón habló sobre Cristo a María y testificó: "He aquí, éste ha sido puesto para derribar y levantar a muchos en Israel y para ser señal de contradicción". Cristo nos enseñó lo mismo cuando dijo: "Sea vuestro hablar Sí, Sí; y No, No; porque todo lo que es más que esto procede del maligno". Dice que vuestro hablar o vuestra palabra ha de ser Sí y No, para que nadie interprete que él lo permitía. Cristo es simplemente Sí y No, y todos los que le buscan con sencillez, comprenderán su palabra. Amén.

BREVES OBSERVACIONES SOBRE LOS SIETE ARTÍCULOS

Como puede observarse en estos así denominados "siete artículos", que fueron confeccionados por un sínodo unido de las iglesias anabautistas de Alemania y los países circundantes (Suiza, Holanda, Bohemia, etc.), el contenido es eclesiológico. Y, precisamente, esta es la razón por la cual ponemos este artículo en este documento. Si bien hay diferencias entre los historiadores sobre los nexos o no entre los Anabautistas continentales y los bautistas.

La Confesión Anabautista de Schleitheim

El gran teólogo bautista **James Leo Garrett** escribió:

> "Los Bautistas comparten con los Anabautistas del siglo XVI el principio del bautismo de creyentes, la idea de la iglesia compuesta solo por regenerados que caminan en compañerismo, y la creencia de la separación entre la iglesia y el estado. Otras enseñanzas Anabautistas no son generalmente aceptadas por los Bautistas como su teología anti-agustiniana, y la actitud negativa hacia los oficiales civiles, especialmente como la practicada en Münster".[68]

Los artículos I al III (sobe *el bautismo, la excomunión y el partimiento del pan*), conforman los fundamentos de las iglesias así denominadas bautistas y menonitas.

El artículo IV (*sobre la separación de la abominación*), es definitorio de las iglesias libres de la época que eran "separatistas". Como se puede ver, los anabautistas eran separatistas extremos, pero no violentos; así sucedió en muchos órdenes con los bautistas ingleses del S. XVI. La razón es obvia, en algún orden eran perseguidos por los otros que reclamaban ser cristianos (a quienes en este documento se le llama 'abominación').

El artículo V, y esto es novedoso y revolucionario en una confesión de la época, trata (*sobre los pastores de la congregación*). Claramente se refiere al carácter y las credenciales que debían portar los hermanos que fuesen señalados como tales de entre la congregación. Es necesario mencionar aquí que la mayoría de los pastores anabautistas fueron hombres de letra y muy piadosos. De hecho, muchísimos de ellos eran exsacerdotes papistas.

El capítulo VI (*sobre la espada*) es exclusivo de los anabautistas (y/o menonitas), y esto los separa de los bautistas en ideología desde el principio hasta hoy. No obstante, muchos bautistas comulgan posiciones semejantes sobre el uso de la espada, y la mayoría abogan por una causa pacífica, si bien no necesariamente al extremo de los anabautistas. Es

---

[68] Garrett, J. L. Baptists 1. Volume 1. Capter 1.

SUMARIO DE "DOCTRINA CRISTIANA ORTODOXA"

justo mencionar aquí que había facciones anabautistas que no comulgaban con este artículo. De hecho, los degenerados de "Münster" eran pro-espada.

El artículo VI trata (*sobre el prestar juramento*). Esta es una posición muy particular, pero no exclusiva de ellos. Desde entonces las iglesias libres han debatido sobre este aspecto. No hay consenso hasta hoy sobre esta doctrina. Los de tendencia reformada comprenden que no hay prohibición alguna al juramento en estas palabras del Señor.

Con excepción de los últimos dos artículos (VI y VII), los otros cinco artículos son de índole eclesiológica. Debemos afirmar aquí que la gran diferencia entre las iglesias libres y las iglesias establecidas (católica, luteranas, reformadas, anglicanas, zwinglianas, etc.) es justamente de orden eclesiológica.

Una iglesia bautista, como ya hemos definido hasta aquí, es drásticamente diferente de una reformada, luterana o anglicana, no en su posición escatológica o soteriológica (existen arminianos y calvinistas en el seno de todas estas denominaciones clásicas, de hecho, Arminio y sus discípulos eran arminianos, siendo reformados confesos). Lo que diferencia una iglesia libre de una estatal o "establecida" es casi definitivamente su "eclesiología".

El doctor **Willie Amos Criswell** dijo:

> "Los bautistas tienen muchas convicciones doctrinales comunes a los otros creyentes... sin embargo, cuando comienzan a hablar sobre la doctrina de la iglesia, pocos grupos se unen a nosotros en un entendimiento único, minucioso y bíblico de la naturaleza y propósito de la iglesia".

Este documento Anabautista es claro en eclesiología. Contiene una clara definición sobre comunión y excomunión, lo cual es ajeno a una iglesia católica, luterana, reformada o anglicana, pero parte integral de una eclesiología bautista bíblica. Por tal razón quisimos poner este importante documento entre los anexos de este trabajo.

LOS CINCO (5) PUNTOS DEL CALVNISMO SEGÚN "LOS CÁNONES DE DORT" (DE 1619)[69]

CAPÍTULO PRIMERO: DE LA DOCTRINA DE LA DIVINA ELECCIÓN Y REPROBACIÓN

I. Puesto que todos los hombres han pecado en Adán y se han hecho culpables de maldición y muerte eterna, Dios, no habría hecho injusticia a nadie si hubiese querido dejar a todo el género humano en el pecado y en la maldición, y condenarlo a causa del pecado, según estas expresiones del Apóstol: ...*Para que toda boca se cierre y todo el mundo quede bajo el juicio de Dios... por cuanto todos pecaron, y están destituidos de la Gloria de Dios.* (Romanos 3.19, 23). Y: *Porque la paga del pecado es la muerte...* (Romanos 6.23)

II. *Pero, en esto se mostró el amor de Dios para con nosotros, en que Dios envió a Su Hijo unigénito al mundo... para que todo aquel que en Él cree, no se pierda, mas tenga vida eterna.* (1 Juan 4.9; Juan 3.16).

III. A fin de que los hombres sean traídos a la fe, Dios, en su misericordia, envía mensajeros de esta buena nueva a quienes le place y cuando Él quiere; y por el ministerio de aquellos son llamados los hombres a conversión y a la fe en Cristo crucificado. *¿Cómo, pues, invocarán a aquel en el cual no han creído? ¿Y cómo creerán en aquel de quién no han oído? ¿Y cómo predicarán sino fueren enviados?* (Romanos 10.14, 15)

IV. La ira de Dios está sobre aquellos que no creen este Evangelio. Pero los que lo aceptan, y abrazan a Jesús el Salvador, con fe viva y

---

[69] Antiguamente Titulado: La Decisión del Sínodo de Dort sobre los Cinco Principales Puntos de Doctrina en Disputa en los Países Bajos.

verdadera, son librados por Él de la ira de Dios y de la perdición, y dotados de la vida eterna. (Juan 3.36; Marcos 16.16).

V. La causa o culpa de esa incredulidad, así como la de todos los demás pecados, no está de ninguna manera en Dios, sino en el hombre. Pero la fe en Jesucristo y la salvación por medio de Él son un don gratuito de Dios; como está escrito: *Porque por gracia sois salvos por medio de la fe; y esto no de nosotros, pues es don de Dios* (Efesios 2.8). Y así mismo: *Porque a vosotros os es concedido a causa de Cristo, no solo que creáis en Él...* (Filipenses 1.29)

VI. Que Dios, en el tiempo, a algunos conceda el don de la fe y a otros no, procede de Su eterno decreto. *Conocidas son a Dios desde el siglo todas sus obras* (Hechos 15.18), y: *hace todas las cosas según el designio de su voluntad.* (Efesios 1.11). Con arreglo a tal decreto ablanda, por pura gracia, el corazón de los predestinados, por obstinados que sean, y los inclina a creer; mientras que a aquellos que, según Su justo juicio, no son elegidos, los abandona a su maldad y obstinación. Y es aquí, donde, estando los hombres en similar condición de perdición, se nos revela esa profunda misericordiosa e igualmente justa distinción de personas, o decreto de elección y reprobación revelado en la Palabra de Dios. La cual, si bien los hombres perversos, impuros e inconstantes tuercen para su perdición, también da un increíble consuelo a las almas santas y temerosas de Dios.

VII. Esta elección es un propósito inmutable de Dios por el cual Él, antes de la fundación del mundo, de entre todo el género humano caído por su propia culpa, de su primitivo estado de rectitud, en el pecado y la perdición, predestinó en Cristo para salvación, por pura gracia y según el beneplácito de Su voluntad, a cierto número de personas, no siendo mejores o más dignas que las demás, sino hallándose en igual miseria que las otras, y puso a Cristo, también desde la eternidad, por Mediador y Cabeza de todos los predestinados, y por fundamento de la salvación. Y, a fin de que fueran hechos salvos por Cristo, Dios decidió también dárselos a él, llamarlos y atraerlos poderosamente a Su comunión por medio de Su Palabra y Espíritu Santo, o lo que es lo mismo, dotarles de la verdadera fe en Cristo, justificarlos, santificarlos y, finalmente, guardándolos poderosamente en la comunión de Su Hijo, glorificarlos en prueba de Su misericordia y para alabanza de las riquezas de Su gracia soberana. Conforme está escrito: *según nos escogió en él antes de la fundación del mundo, para que fuéremos santos y sin mancha delante de él, en amor habiéndonos predestinado para ser adoptados hijos suyos por medio de Jesucristo, según el Puro afecto de Su voluntad, para alabanza de la gloria de Su gracia, con la cual nos hizo aceptor en el Amado* (Efesios 1.3-6); y en otro lugar: *Y a los que predestinó, a éstos también llamó; y a los que llamó, a éstos también justificó, y a los que justificó, a éstos también glorificó.* (Romanos 8.10)

VIII. La antedicha elección de todos aquellos que se salvan no es múltiple, sino una sola y la misma, tanto en el Antiguo, como en el Nuevo Testamento. Ya que la Escritura nos presenta un único beneplácito, propósito y consejo de la voluntad de Dios, por los cuales Él nos escogió desde la eternidad tanto para la gracia, como para la gloria, así para la salvación, como para el camino de la salvación, las cuales preparó de antemano para que anduviésemos en ellas. (Efesios 1.4, 5; 2.10).

IX. Esta misma elección fue hecha, no en virtud de prever la fe y la obediencia a la fe, la santidad o alguna otra buena cualidad o aptitud, como causa o condición, previamente requeridas en el hombre que habría de ser elegido, sino para la fe y la obediencia a la fe, para la santidad, etc. Por consiguiente, la elección es la fuente de todo bien salvador de la que proceden la fe, la santidad y otros dones salvíficos y, finalmente, la vida eterna misma, conforme al testimonio del Apóstol: ... *Según nos escogió en él antes de la fundación del mundo* (no, porque éramos, sino), *para que fuésemos santos y sin mancha delante de él.* (Efesios 1.4)

X. La causa de esta misericordiosa elección es únicamente la complacencia de Dios, la cual no consiste en que Él escogió como

SUMARIO DE "DOCTRINA CRISTIANA ORTODOXA"

condición de la salvación, de entre todas las posibles condiciones, algunas cualidades u obras de los hombres, sino en que Él se tomó como propiedad, de entre la común muchedumbre de los hombres, a algunas personas determinadas. Como está escrito: *(pues no habían aún nacido, ni habían hecho aún ni bien ni mal, para que el propósito de Dios conforme a la elección permaneciese, no por las obras sino por el que llama),* se le dejó (esto es, a Rebeca): *amé más a Jacob, a Esaú aborrecí* (Romanos 9.11-13); *y creyeron todos los que estaban ordenados para la vida eterna.* (Hechos 13.48)

XI. Y como Dios mismo es sumamente sabio, inmutable, omnisciente y todopoderoso, así la elección, hecha por Él, no puede ser anulada, ni cambiada, ni revocada, ni destruida, ni los elegidos pueden ser reprobados, ni disminuido su número.

XII. Los elegidos son asegurados de esta su elección eterna e inmutable, a su debido tiempo, si bien en medida desigual y en distintas etapas; no cuando, por curiosidad, escudriñan los misterios y las profundidades de Dios, sino cuando con gozo espiritual y santa delicia advierten en sí mismos los frutos infalibles de la elección, indicados en la Palabra de Dios (cuando se hallan: la verdadera fe en Cristo, temor filial de Dios, tristeza según el criterio de Dios sobre el pecado, y hambre y sed de justicia, etc.). (2 Corintios 13.5)

XIII. Del sentimiento interno y de la certidumbre de esta elección toman diariamente los hijos de Dios mayor motivo para humillarse ante Él, adorar la profundidad de Su misericordia, purificarse a sí mismos, y, por su parte, amarle ardientemente a Él, que de modo tan eminente los amó primero a ellos. Así hay que descartar que, por esta doctrina de la elección y por la meditación de la misma, se relajen en la observancia de los mandamientos de Dios, o se hagan carnalmente descuidados. Lo cual, por el justo juicio de Dios, suele suceder con aquellos que, jactándose audaz y ligeramente de la gracia de la elección, o charloteando vana y petulantemente de ella, no desean andar en los caminos de los elegidos.

XIV. Además, así como esta doctrina de la elección divina, según el beneplácito de Dios, fue predicada tanto en el Antiguo como en el Nuevo Testamento por los profetas, por Cristo mismo y por los apóstoles, y después expuesta y legada en las Sagradas Escrituras, así hoy en día y a su debido tiempo se debe exponer en la Iglesia de Dios (a la cual le ha sido especialmente otorgada), con espíritu de discernimiento y con piadosa reverencia, santamente, sin investigación curiosa de los caminos del Altísimo, para honor del Santo Nombre de Dios y para consuelo vivificante de Su pueblo. (Hechos 20.27; Romanos 12.3; 11.33, 34; Hebreos 6.17, 18).

XV. La Sagrada Escritura nos muestra y ensalza esta gracia divina e inmerecida de nuestra elección mayormente por el hecho de que, además, testifica que no todos los hombres son elegidos, sino que algunos no lo son o son pasados por alto en la elección eterna de Dios, y estos son aquellos a los que Dios, conforme a Su libérrima, irreprensible e inmutable complacencia, ha resuelto dejarlos en la común miseria en la que por su propia culpa se precipitaron, y no dotarlos de la fe salvadora y la gracia de la conversión y, finalmente, estando abandonados a sus propios caminos y bajo el justo juicio de Dios, condenarlos y castigarlos eternamente, no solo por su incredulidad, sino también por todos los demás pecados, para dar fe de Su justicia divina. Y éste es el decreto de reprobación, que en ningún sentido hace a Dios autor del pecado (lo cual es blasfemia, aún solo pensarlo), sino que lo coloca a Él como su Juez y Vengador terrible, intachable y justo.

XVI. Quienes aún no sienten poderosamente en sí mismos la fe viva en Cristo, o la confianza cierta del corazón, la paz de la conciencia, la observancia de la obediencia filial, la gloria de Dios por Cristo, y no obstante ponen los medios por los que Dios ha prometido obrar en nosotros estas cosas, éstos no deben desanimarse cuando oyen mencionar la reprobación, ni contarse entre los reprobados, sino proseguir diligentemente en la observancia de los medios, añorar ardientemente días de gracia más abundantes y esperar ésta con reverencia y humildad. Mucho menos han de asustarse de esta

SUMARIO DE "DOCTRINA CRISTIANA ORTODOXA"

doctrina de la reprobación aquellos que seriamente desean convertirse a Dios, agradarle a Él únicamente y ser librados del cuerpo de muerte, a pesar de que no pueden progresar en el camino de la fe y de la salvación tanto como ellos realmente querrían; ya que el Dios misericordioso ha prometido que no apagará el pabilo humeante, ni destruirá la caña cascada. Pero esta doctrina es, y con razón, terrible para aquellos que, no haciendo caso de Dios y Cristo, el Salvador, se han entregado por completo a los cuidados del mundo y a las concupiscencias de la carne, hasta tanto no se conviertan de veras a Dios.

XVII. Puesto que debemos juzgar la voluntad de Dios por medio de Su Palabra, la cual atestigua que los hijos de los creyentes son santos, no por naturaleza, sino en virtud del pacto de gracia, en el que están comprendidos con sus padres, por esta razón los padres piadosos no deben dudar de la elección y salvación de los hijos a quienes Dios quita de esta vida en su niñez. (Génesis 17.7; Hechos 2.39; 1 Corintios 7.14).

XVIII. Contra aquellos que murmuran de esta gracia de la elección inmerecida y de la severidad de la reprobación justa, ponemos esta sentencia del Apóstol: *Oh, hombre, ¿quién eres tú para que alterquen con* Dios? (Romanos 9.20), y ésta de nuestro Salvador: *¿No me es lícito hacer lo que quiero con lo mío? (Mateo 20.15)*. Nosotros, por el contrario, adorando con piadosa reverencia estos misterios, exclamamos con el apóstol: *¡Oh profundidad de las riquezas de la sabiduría y de la ciencia de Dios! ¡Cuán insondables son sus juicios e inescrutables sus caminos! Porque ¿quién entendió la mente del Señor? ¿O quién fue su consejero? ¿O quién le dio a él primero, para que le fuere recompensado? Porque de él, y por él, y para él, son todas las cosas. A él sea la gloria por los siglos. Amén.* (Romanos 11.33-36)

CONDENA DE LOS ERRORES POR LOS QUE LAS IGLESIAS DE LOS PAÍSES BAJOS FUERON PERTURBADAS DURANTE ALGÚN TIEMPO

Una vez declarada la doctrina ortodoxa de la elección y reprobación, el Sínodo condena los errores de aquellos:

I. Que enseñan: "que la voluntad de Dios de salvar a aquellos que habrían de creer y perseverar en la fe y en la obediencia a la fe, es el decreto entero y total de la elección para salvación, y que de este decreto ninguna otra cosa ha sido revelada en la Palabra de Dios". —Pues éstos engañan a los sencillos, y contradicen evidentemente a las Sagradas Escrituras que testifican que Dios, no solo quiere salvar a aquellos que creerán, sino que también ha elegido Él, desde la eternidad, a algunas personas determinadas, a las que Él, en el tiempo, dotaría de la fe en Cristo y de la perseverancia, pasando a otros por alto, como está escrito: *...He manifestado tu nombre a los hombres que del mundo me diste* (Juan 17.6); y: *...y creyeron todos los que estaban ordenados para vida eterna* (Hechos 13.48); y: *...según nos escogió en él antes de la fundación del mundo, para que fuésemos, santos y sin mancha delante de Él.* (Efesios 1.4)

II. Que enseñan: que la elección de Dios para la vida eterna es múltiple y varia: una, general e indeterminada; otra, particular y determinada; y que esta última es, o bien, imperfecta, revocable, no decisiva y condicional; o bien, perfecta, irrevocable, decisiva y absoluta. Asimismo: que hay una elección para fe y otra para salvación, de manera que la elección para fe justificante pueda darse sin la elección para salvación. —Pues esto es una especulación de la mente humana, inventada sin y fuera de las Sagradas Escrituras, por la cual se pervierte la enseñanza de la elección, y se destruye esta cadena de oro de nuestra Salvación: *Y a los que predestinó, a éstos también llamó; y a los que llamó, a éstos también justificó; y a los que justificó, a éstos también glorificó.* (Romanos 8.30)

SUMARIO DE "DOCTRINA CRISTIANA ORTODOXA"

III. Que enseñan que el beneplácito y el propósito de Dios, de los que la Escritura habla en la doctrina de la elección, no consiste en que Dios ha elegido a algunas especiales personas sobre otras, sino en que Dios, de entre todas las posibles condiciones, entre las que también se hallan las obras de la ley, o de entre el orden total de todas las cosas, ha escogido como condición de salvación el acto de fe, no meritorio por su naturaleza, y su obediencia imperfecta, a los cuales, por gracia, habría querido tener por una obediencia perfecta, y considerar como dignos de la recompensa de la vida eterna.
—Pues con este error infame se hacen inválidos el beneplácito de Dios y el mérito de Cristo, y por medio de sofismas inútiles se desvía a los hombres de la verdad de la justificación gratuita y de la sencillez de las Sagradas Escrituras, y se acusa de falsedad a esta sentencia del Apóstol: ...*de Dios, (v.8), quien nos salvó y llamó con llamamiento santo, no conforme a nuestras obras, sino según el propósito suyo y la gracia que nos fue dada en Cristo Jesús antes de los tiempos de los* siglos. (2 Timoteo 1.9)

IV. Que enseñan: que en la elección para fe se requiere esta condición previa: que el hombre haga un recto uso de la luz de la naturaleza, que sea piadoso, sencillo, humilde e idóneo para la vida eterna, como si la elección dependiese en alguna manera de estas cosas.
—Pues esto concuerda con la opinión de Pelagio, y está en pugna con la enseñanza del Apóstol cuando escribe: *Todos nosotros vivimos en otro tiempo en los deseos de nuestra carne, haciendo la voluntad de la carne y de los pensamientos, y éramos por naturaleza hijos de ira, lo mismo que los demás. Pero Dios, que es rico en misericordia, por Su gran amor con que nos amó, aún estando nosotros muertos en pecados, nos dio vida juntamente con Cristo (por gracia sois salvos), y juntamente con Él nos resucitó, y asimismo nos hizo sentar en los lugares celestiales con Cristo Jesús. Porque por gracia sois salvos por medio de la fe; y esto no de vosotros, pues es don de Dios; no por obras, para que nadie se gloríe.* (Efesios 2.3-9)

Los Cinco Puntos del Calvinismo

V. Que enseñan: que la elección imperfecta y no decisiva de determinadas personas para salvación tuvo lugar en virtud de previstas la fe, la conversión, la santificación y la piedad, las cuales, o bien tuvieron un comienzo, o bien se desarrollaron incluso durante un cierto tiempo; pero que la elección perfecta y decisiva tuvo lugar en virtud de prevista la perseverancia hasta el fin de la fe, en la conversión, en la santidad y en la piedad; y que esto es la gracia y la dignidad evangélicas, motivo por lo cual, aquel que es elegido es más digno que aquel que no lo es; y que, por consiguiente, la fe, la obediencia a la fe, la santidad, la piedad y la perseverancia no son frutos de la elección inmutable para la gloria, sino que son las condiciones que, requeridas de antemano y siendo cumplidas, son previstas para aquellos que serían plenamente elegidos, y las causas sin las que no acontece la elección inmutable para gloria. —Lo cual está en pugna con toda la Escritura que inculca constantemente en nuestro corazón y nos hace oír estas expresiones y otras semejantes: *(pues no habían aún nacido, ni habían hecho aún ni bien ni mal, para que el propósito de Dios conforme a la elección permaneciese, no por las obras sino por el que llama)* (Romanos 9.11) *...y creyeron todos los que estaban ordenados para vida eterna* (Hechos 13.48)... *según nos escogió en Él antes de la fundación del mundo, para que fuésemos santos y sin mancha delante de Él.* (Efesios 1.4). *No me elegisteis vosotros a mí, sino que yo os elegí a vosotros.* (Juan 15.16). *Y si por gracia, ya no es por obras.* (Romanos 11.6). *En esto consiste el amor: no en que nosotros hayamos amado a Dios, sino en que Él nos amó a nosotros, y envió a su Hijo en propiciación por nuestros pecados.* (1 Juan 4.10)

VI. Que enseñan: "que no toda elección para salvación es inmutable; sino que algunos elegidos, a pesar de que existe un único decreto de Dios, se pueden perder y se pierden eternamente". Con tan grave error hacen mudable a Dios, y echan por tierra el consuelo de los piadosos, por el cual se apropian la seguridad de su elección, y contradicen a la Sagrada Escritura, que enseña: *que engañarán, si fuera posible, aún a los elegidos* (Mateo 24.24); *que de toda lo que me diere, no pierda yo nada* (Juan 6.39); *y a los que predestinó, a*

SUMARIO DE "DOCTRINA CRISTIANA ORTODOXA"

éstos también llamó; y a los que llamó, a éstos también justificó; y a los que justificó, a éstos también glorificó. (Romanos 8.30)

VII. Que enseñan: que en esta vida no hay fruto alguno, ni ningún sentimiento de la elección inmutable; ni tampoco seguridad, sino la que depende de una condición mudable e incierta. —Pues además de que es absurdo suponer una seguridad incierta, asimismo esto está también en pugna con la comprobación de los santos, quienes, en virtud del sentimiento interno de su elección, se gozan con el Apóstol, y glorifican este beneficio de Dios (Efesios *1*): quienes, según la amonestación de Cristo, se alegran con los discípulos de que sus nombres estén escritos en el cielo (Lucas *10.20);* quienes también ponen el sentimiento interno de su elección contra las saetas ardientes de los ataques del diablo, cuando preguntan: *¿Quién* acusará a los escogidos de Dios? (Romanos 8.33)

VIII. Que enseñan: "que Dios, meramente en virtud de Su recta voluntad, ha decidido no dejar a nadie en la caída de Adán y en la común condición de pecado y condenación, o pasarlo por alto en la comunicación de la gracia que es necesaria para la fe y la conversión. —Pues esto es cierto: *De manera que de quien quiere, tiene misericordia, y al que quiere endurecer, endurece.* (Romanos 9.18). Y esto también: *Porque a vosotros os es dado saber los misterios del reino de los cielos; más a ellos no les es dado.* (Mateo 13.11). Asimismo: *Te alabo, Padre, Señor del cielo y de la tierra, porque escondiste estas cosas de los sabios y de los entendidos, y las revelaste a los niños. Sí, Padre, porque así te agradó.* (Mateo 11.25, 26)

IX. Que enseñan: que la causa por la que Dios envía el Evangelio a un pueblo más que a otro, no es mera y únicamente el beneplácito de Dios, sino porque un pueblo es mejor y más digno que el otro al cual no le es comunicado. —Pues Moisés niega esto, cuando habla al pueblo israelita en estos términos: *He aquí, de Jehová tu Dios son los cielos, y los cielos de los cielos, la tierra, y todas las cosas que hay en ella. Solamente de tus padres se agradó Jehová para amarlos, y escogió su descendencia después de ellos, a vosotros, de entre todos los pueblos, como en este día* (Deuteronomio 10.14, 15): y Cristo, cuando dice: *¡Ay de ti, Corazín! ¡Ay de ti, Betsaida! Porque si en Tiro y en Sidón se hubieran hecho los milagros que han sido hechos en vosotros, tiempo ha que se hubieran arrepentido en cilicio y en ceniza.* (Mateo 11.21).

CAPÍTULO SEGUNDO: DE LA DOCTRINA DE LA MUERTE DE CRISTO Y DE LA REDENCIÓN DE LOS HOMBRES POR ÉSTE

I. Dios es no solo misericordioso en grado sumo, sino también justo en grado sumo. Y su justicia (como Él se ha revelado en Su Palabra) exige que nuestros pecados, cometidos contra Su majestad infinita, no solo sean castigados con castigos temporales, sino también castigos eternos, tanto en el alma como en el cuerpo; castigos que nosotros no podemos eludir, a no ser que se satisfaga plenamente la justicia de Dios.

II. Mas, puesto que nosotros mismos no podemos satisfacer y librarnos de la ira de Dios, por esta razón, movido Él de misericordia infinita, nos ha dado a Su Hijo unigénito por mediador, el cual, a fin de satisfacer por nosotros, fue hecho pecado y maldición en la cruz por nosotros o en lugar nuestro.

III. Esta muerte del Hijo de Dios es la ofrenda y la satisfacción única y perfecta por los pecados, y de una virtud y dignidad infinitas, y sobradamente suficiente como expiación de los pecados del mundo entero.

IV. Y por eso es esta muerte de tan gran virtud y dignidad, porque la persona que la padeció no solo es un hombre verdadero y perfectamente santo, sino también el Hijo de Dios, de una misma, eterna e infinita esencia con el Padre y el Espíritu Santo, tal como nuestro

Salvador tenía que ser. Además de esto, porque su muerte fue acompañada con el sentimiento interno de la ira de Dios y de la maldición que habíamos merecido por nuestros pecados.

V. Existe además la promesa del Evangelio de que todo aquel que crea en el Cristo crucificado no se pierda, sino que tenga vida eterna; promesa que, sin distinción, debe ser anunciada y proclamada con mandato de conversión y de fe a todos los pueblos y personas a los que Dios, según Su beneplácito, envía Su Evangelio.

VI. Sin embargo, el hecho de que muchos, siendo llamados por el Evangelio, no se conviertan ni crean en Cristo, mas perezcan en incredulidad, no ocurre por defecto o insuficiencia de la ofrenda de Cristo en la cruz, sino por propia culpa de ellos.

VII. Mas todos cuantos verdaderamente creen, y por la muerte de Cristo son redimidos y salvados de los pecados y de la perdición, gozan de aquellos beneficios solo por la gracia de Dios que les es dada eternamente en Cristo, y de la que a nadie es deudor.

VIII. Porque este fue el consejo absolutamente libre, la voluntad misericordiosa y el propósito de Dios Padre: que la virtud vivificadora y salvadora de la preciosa muerte de Su Hijo se extendiese a todos los predestinados para, únicamente a ellos, dotarlos de la fe justificante, y por esto mismo llevarlos infaliblemente a la salvación; es decir: Dios quiso que Cristo, por la sangre de Su cruz (con la que Él corroboró el Nuevo Pacto), salvase eficazmente, de entre todos los pueblos, tribus, linajes y lenguas, a todos aquellos, y únicamente a aquellos, que desde la eternidad fueron escogidos para salvación, y que le fueron dados por el Padre; los dotase de la fe, como asimismo de los otros dones salvadores del Espíritu Santo, que Él les adquirió por Su muerte; los limpiase por medio de Su sangre de todos sus pecados, tanto los originales o connaturales como los reales ya de antes ya de después de la fe; los guardase fielmente hasta el fin y, por último, los presentase gloriosos ante sí sin mancha ni arruga.

IX. Este consejo, proveniente del eterno amor de Dios hacia los predestinados, se cumplió eficazmente desde el principio del mundo hasta este tiempo presente (oponiéndose en vano a ello las puertas del infierno), y se cumplirá también en el futuro, de manera que los predestinados, a su debido tiempo serán congregados en uno, y que siempre existirá una Iglesia de los creyentes, fundada en la sangre de Cristo, la cual le amará inquebrantablemente a Él, su Salvador, quien, esposo por su esposa, dio Su vida por ella en la cruz, y le servirá constantemente, y le glorificará ahora y por toda la eternidad.

REPROBACIÓN DE LOS ERRORES

Habiendo declarado la doctrina ortodoxa, el Sínodo rechaza los errores de aquellos:

I. Que enseñan: que Dios Padre ordenó a Su Hijo a la muerte de cruz sin consejo cierto y determinado de salvar ciertamente a alguien; de manera que la necesidad, utilidad y dignidad de la impetración de la muerte de Cristo bien pudieran haber existido y permanecido perfectas en todas sus partes, y cumplidas en su totalidad, aún en el caso de que la redención lograda jamás hubiese sido adjudicada a hombre alguno. —Pues esta doctrina sirve de menosprecio de la sabiduría del Padre y de los méritos de Jesucristo, y está en contra de la Escritura. Pues nuestro Salvador dice así: *...pongo mi vida por las ovejas... y yo las conozco* (Juan 10.15-27); y el profeta Isaías dice del Salvador: *Cuando haya puesto su vida en expiación por el pecado, verá linaje, vivirá por largos días, y la voluntad de Jehová será en su mano prosperada* (Isaías 53.10); y por último, está en pugna con el artículo de la fe por el que creemos: una Iglesia cristiana católica.

II. Que enseñan: que el objeto de la muerte de Cristo no fue que Él estableciese de hecho el nuevo Pacto de gracia en Su muerte, sino únicamente que Él adquiriese para el Padre un mero derecho de poder establecer de nuevo un pacto tal con los hombres como a Él le pluguiese, ya fuera de gracia o de obras. —Pues tal cosa contradice a la Escritura, que enseña que Jesús *es hecho fiador de un mejor pacto,*

SUMARIO DE "DOCTRINA CRISTIANA ORTODOXA"

esto es, del Nuevo Pacto (Hebreos 7.22), *y un testamento con la muerte se confirma.* (Hebreos 9.15, 17)

III. Que enseñan: "que Cristo por Su satisfacción no ha merecido para nadie, de un modo cierto, la salvación misma y la fe por la cual esta satisfacción es eficazmente apropiada; sino que ha adquirido únicamente para el Padre el poder o la voluntad perfecta para tratar de nuevo con los hombres, y dictar las nuevas condiciones que Él quisiese, cuyo cumplimiento quedaría pendiente de la libre voluntad del hombre; y que por consiguiente podía haber sucedido que ninguno, o que todos los hombres las cumpliesen". —Pues éstos opinan demasiado despectivamente de la muerte de Cristo, no reconocen en absoluto el principal fruto o beneficio logrado por éste, y vuelven a traer del infierno el error pelagiano.

IV. Que enseñan: "que el nuevo Pacto de gracia, que Dios Padre hizo con los hombres por mediación de la muerte de Cristo, no consiste en que nosotros somos justificados ante Dios y hechos salvos por medio de la fe, en cuanto que acepta los méritos de Cristo; sino en que Dios, habiendo abolido la exigencia de la obediencia perfecta a la Ley, cuenta ahora la fe misma y la obediencia a la fe, si bien imperfectas, por perfecta obediencia a la Ley, y las considera, por gracia, dignas de la recompensa de la vida eterna. —Pues éstos contradicen a las Sagradas Escrituras: *siendo justificados gratuitamente por Su gracia, mediante la redención que es en Cristo Jesús, a quien Dios puso como propiciación por medio de la fe en Su sangre* (Romanos 3.24, 25); y presentan con el impío Socino una nueva y extraña justificación del hombre ante Dios, contraria a la concordia unánime de toda la Iglesia.

V. Que enseñan: "que todos los hombres son aceptados en el estado de reconciliación y en la gracia del Pacto, de manera que nadie es culpable de condenación o será maldecido a causa del pecado original, sino que todos los hombres están libres de la culpa de este pecado". —Pues este sentir es contrario a la Escritura, que dice: *... y éramos por naturaleza hijos de la ira, lo mismo que los demás.* (Efesios 2.3)

VI. Que emplean la diferencia entre adquisición y apropiación, al objeto de poder implantar en los imprudentes e inexpertos este sentir: "que Dios, en cuanto a Él toca, ha querido comunicar por igual a todos los hombres aquellos beneficios que se obtienen por la muerte de Cristo; pero el hecho de que algunos obtengan el perdón de los pecados y la vida eterna, y otros no, depende de su libre voluntad, la cual se une a la gracia que se ofrece sin distinción, y que no depende de ese don especial de la misericordia que obra eficazmente en ellos, a fin de que se apropien para sí mismos, a diferencia de como otros hacen, aquella gracia". —Pues éstos, fingiendo exponer esta distinción desde un punto de vista recto, tratan de inspirar al pueblo el veneno pernicioso de los errores pelagianos.

VII. Que enseñan: "Que Cristo no ha podido ni ha debido morir, ni tampoco ha muerto, por aquellos a quienes Dios ama en grado sumo, y a quienes eligió para vida eterna, puesto que los tales no necesitan de la muerte de Cristo". —Pues contradicen al Apóstol, que dice: ...*del Hijo de Dios, el cual me amó y se entregó a sí mismo por mí.* (Gálatas 2.20). Como también: *¿Quién acusará a los escogidos de Dios? Dios es el que justifica. ¿Quién es el que condenará? Cristo es el que murió* (Romanos 8.33, 34), a saber: por ello; también contradicen al Salvador, quien dice: ...*y pongo mi vida por las ovejas* (Juan 10.15), *y: Este es mi mandamiento, que os améis unos a otros, como yo os he amado. Nadie tiene mayor amor que éste, que uno ponga su vida por sus amigos.* (Juan 15.12, 13)

SUMARIO DE "DOCTRINA CRISTIANA ORTODOXA"

CAPÍTULOS TERCERO Y CUARTO: DE LA DEPRAVACIÓN DEL HOMBRE, DE SU CONVERSIÓN A DIOS Y DE LA MANERA DE REALIZARSE ESTA ÚLTIMA

I. Desde el principio, el hombre fue creado a imagen de Dios, adornado en su entendimiento con conocimiento verdadero y bienaventurado de su Creador, y de otras cualidades espirituales; en su voluntad y en su corazón, con la justicia; en todas sus afecciones, con la pureza; y fue, a causa de tales dones, totalmente santo. Pero apartándose de Dios por insinuación del demonio y de su voluntad libre, se privó a sí mismo de estos excelentes dones, y a cambio ha atraído sobre sí, en lugar de aquellos dones, ceguera, oscuridad horrible, vanidad y perversión de juicio en su entendimiento; maldad, rebeldía y dureza en su voluntad y en su corazón; así como también impureza en todos sus afectos.

II. Tal como fue el hombre después de la caída, tales hijos también procreó; es decir: corruptos, estando él corrompido; de tal manera que la corrupción, según el justo juicio de Dios, pasó de Adán a todos sus descendientes (exceptuando únicamente Cristo), no por imitación, como antiguamente defendieron los pelagianos, sino por procreación de la naturaleza corrompida.

III. Por consiguiente, todos los hombres son concebidos en pecado y, al nacer como hijos de ira, incapaces de algún bien saludable o salvífico, e inclinados al mal, muertos en pecados y esclavos del pecado; y no quieren ni pueden volver a Dios, ni corregir su naturaleza corrompida, ni por ellos mismos mejorar la misma, sin la gracia del Espíritu Santo, que es quien regenera.

IV. Bien es verdad que después de la caída quedó aún en el hombre alguna luz de la naturaleza, mediante la cual conserva algún conocimiento de Dios, de las cosas naturales, de la distinción entre lo que es lícito e ilícito, y también muestra alguna práctica hacia la virtud y la disciplina externa. Pero está por ver que el hombre, por esta luz de la naturaleza, podría llegar al conocimiento salvífico de Dios, y convertirse a Él cuando, ni aún en asuntos naturales y cívicos, tampoco usa rectamente esta luz; antes bien, sea como fuere, la empaña totalmente de diversas maneras, y la subyuga en injusticia; y puesto que él hace esto, por tanto, se priva de toda disculpa ante Dios.

V. Como acontece con la luz de la naturaleza, así sucede también, en este orden de cosas, con la Ley de los Diez Mandamientos, dada por Dios en particular a los judíos a través de Moisés. Pues siendo así que ésta descubre la magnitud del pecado y convence más y más al hombre de su culpa, no indica, sin embargo, el remedio de reparación de esa culpa, ni aporta fuerza alguna para poder salir de esta miseria; y porque, así como la Ley, habiéndose hecho impotente por la carne, deja al trasgresor permanecer bajo la maldición, así el hombre no puede adquirir por medio de la misma gracia que justifica.

VI. Lo que, en este caso, ni la luz de la naturaleza ni la Ley pueden hacer, lo hace Dios por el poder del Espíritu Santo y por la Palabra o el ministerio de la reconciliación, que es el Evangelio del Mesías, por cuyo medio plugo a Dios salvar a los hombres creyentes tanto en el Antiguo como en el Nuevo Testamento.

VII. Este misterio de Su voluntad se lo descubrió Dios a pocos en el Antiguo Testamento; pero en el Nuevo Testamento (una vez derribada la diferencia de los pueblos), se lo reveló a más hombres. La causa de estas diferentes designaciones no se debe basar en la dignidad de un pueblo sobre otro, o en el mejor uso de la luz de la naturaleza, sino en la libre complacencia y en el gratuito amor de Dios; razón por la que aquellos en quienes, sin y aun en contra de todo merecimiento, se hace gracia tan grande, deben también reconocerla con un corazón humilde y agradecido, y con el Apóstol adorar la severidad y la justicia de los juicios de Dios en aquellos en quienes no se realiza esta gracia, y de ninguna manera investigarlos curiosamente.

VIII. Pero cuantos son llamados por el Evangelio, son llamados con toda seriedad. Pues Dios muestra formal y verdaderamente en Su

SUMARIO DE "DOCTRINA CRISTIANA ORTODOXA"

Palabra lo que le es agradable a Él, a saber: que los llamados acudan a Él. Promete también de veras a todos los que vayan a Él y crean, la paz del alma y la vida eterna.

IX. La culpa de que muchos, siendo llamados por el ministerio del Evangelio, no se alleguen ni se conviertan, no está en el Evangelio, ni en Cristo, al cual se ofrece por el Evangelio, ni en Dios, que llama por el Evangelio e incluso comunica diferentes dones a los que llama; sino en aquellos que son llamados; algunos de los cuales, siendo descuidados, no aceptan la palabra de vida; otros sí la aceptan, pero no en lo íntimo de su corazón, y de ahí que, después de algún entusiasmo pasajero, retrocedan de nuevo de su fe temporal; otros ahogan la simiente de la Palabra con los espinos de los cuidados y de los deleites del siglo, y no dan ningún fruto; lo cual enseña nuestro Salvador en la parábola del sembrador. (Mateo 13)

X. Pero que otros, siendo llamados por el ministerio del Evangelio, acudan y se conviertan, no se tiene que atribuir al hombre como si él, por su voluntad libre, se distinguiese a sí mismo de los otros que son provistos de gracia igualmente grande y suficiente (lo cual sienta la vanidosa herejía de Pelagio); sino que se debe atribuir a Dios, quien, al igual que predestinó a los suyos desde la eternidad en Cristo, así también llama a estos mismos en el tiempo, los dota de la fe y de la conversión y, salvándolos del poder de las tinieblas, los traslada al reino de Su Hijo, a fin de que anuncien las virtudes de aquel que los llamó de las tinieblas a su luz admirable, y esto a fin de que no se gloríen en sí mismos, sino en el Señor, como los escritos apostólicos declaran de un modo general.

XI. Además, cuando Dios lleva a cabo éste Su beneplácito en los predestinados y obra en ellos la conversión verdadera, lo lleva a cabo de tal manera que no solo hace que se les predique exteriormente el Evangelio, y que se les alumbre poderosamente su inteligencia por el Espíritu Santo a fin de que lleguen a comprender y distinguir rectamente las cosas que son del Espíritu de Dios; sino que Él penetra también hasta las partes más íntimas del hombre con la acción poderosa de este mismo Espíritu regenerador; Él abre el corazón que está cerrado; Él quebranta lo que es duro; Él circuncida lo que es incircunciso; Él infunde en la voluntad propiedades nuevas, y hace que esa voluntad, que estaba muerta, reviva; que era mala, se haga buena; que no quería, ahora quiera realmente; que era rebelde, se haga obediente; Él mueve y fortalece de tal manera esa voluntad para que pueda, cual árbol bueno, llevar frutos de buenas obras.

XII. Y éste es aquel nuevo nacimiento, aquella renovación, nueva creación, resurrección de muertos y vivificación, de que tan excelentemente se habla en las Sagradas Escrituras, y que Dios obra en nosotros sin nosotros. Este nuevo nacimiento no es obrado en nosotros por medio de la predicación externa solamente, ni por indicación, o por alguna forma tal de acción por la que, una vez Dios hubiese terminado Su obra, entonces estaría en el poder del hombre el nacer de nuevo o no, el convertirse o no, sino que es una operación totalmente sobrenatural, poderosísima y, al mismo tiempo, suavísima, milagrosa, oculta e inexpresable, la cual, según el testimonio de la Escritura (inspirada por el autor de esta operación), no es menor ni inferior en su poder que la creación o la resurrección de los muertos; de modo que todos aquellos en cuyo corazón obra Dios de esta milagrosa manera, renacen cierta, infalible y eficazmente, y de hecho creen. Así, la voluntad, siendo entonces renovada, no solo es movida y conducida por Dios, sino que, siendo movida por Dios, obra también ella misma. Por lo cual con razón se dice que el hombre cree y se convierte por medio de la gracia que ha recibido.

XIII. Los creyentes no pueden comprender de una manera perfecta en esta vida el modo cómo se realiza esta acción; mientras tanto, se dan por contentos con saber y sentir que por medio de esta gracia de Dios creen con el corazón y aman a su Salvador.

XIV. Así pues, la fe es un don de Dios; no porque sea ofrecida por Dios a la voluntad libre del hombre, sino porque le es efectivamente participada, inspirada e infundida al hombre; tampoco lo es porque

Dios hubiera dado solo el poder creer, y después esperase de la voluntad libre el consentimiento del hombre o el creer de un modo efectivo; sino porque sí, que obra en tal circunstancia el querer y el hacer, es más, que obra todo en todos, realiza en el hombre ambas cosas: la voluntad de creer y la fe misma.

XV. Dios no debe a nadie esta gracia; porque ¿qué debería Él a quien nada le puede dar a Él primero, para que le fuera recompensado? En efecto, ¿qué debería Dios a aquel que de sí mismo no tiene otra cosa sino pecado y mentira? Así pues, quien recibe esta gracia solo debe a Dios por ello eterna gratitud, y realmente se la agradece; quien no la recibe, tampoco aprecia en lo más mínimo estas cosas espirituales, y se complace a sí mismo en lo suyo; o bien, siendo negligente, se gloría vanamente de tener lo que no tiene. Además, a ejemplo de los Apóstoles, se debe juzgar y hablar lo mejor de quienes externamente confiesan su fe y enmiendan su vida, porque lo íntimo del corazón nos es desconocido. Y por lo que respecta a otros que aún no han sido llamados, se debe orar a Dios por ellos, pues Él es quien llama las cosas que no son como si fueran, y en ninguna manera debemos envanecernos ante éstos, como si nosotros nos hubiésemos escogido a nosotros mismos.

XVI. Empero como el hombre no dejó por la caída de ser hombre dotado de entendimiento y voluntad, y como el pecado, penetrando en todo el género humano, no quitó la naturaleza del hombre, sino que la corrompió y la mató espiritualmente; así esta gracia divina del nuevo nacimiento tampoco obra en los hombres como en una cosa insensible y muerta, ni destruye la voluntad y sus propiedades, ni las obliga en contra de su gusto, sino que las vivifica espiritualmente, las sana, las vuelve mejores y las doblega con amor y a la vez con fuerza, de tal manera que donde antes imperaba la rebeldía y la oposición de la carne allí comienza a prevalecer una obediencia de espíritu voluntaria y sincera en la que descansa el verdadero y espiritual restablecimiento y libertad de nuestra voluntad. Y a no ser que ese prodigioso Artífice de todo bien procediese en esta forma con nosotros, el hombre no tendría en absoluto esperanza alguna de poder levantarse de su caída por su libre voluntad, por la que él mismo, cuando estaba aún en pie, se precipitó en la perdición.

XVII. Pero así como esa acción todopoderosa de Dios por la que Él origina y mantiene esta nuestra vida natural, tampoco excluye sino que requiere el uso de medios por los que Dios, según Su sabiduría infinita y Su bondad, quiso ejercer Su poder, así ocurre también que la mencionada acción sobrenatural de Dios por la que Él nos regenera, en modo alguno excluye ni rechaza el uso del Evangelio al que Dios, en Su sabiduría, ordenó para simiente del nuevo nacimiento y para alimento del alma. Por esto, pues, así como los Apóstoles y los Pastores que les sucedieron instruyeron saludablemente al pueblo en esta gracia de Dios (para honor del Señor, y para humillación de toda soberbia del hombre), y no descuidaron entretanto el mantenerlos en el ejercicio de la Palabra, de los sacramentos y de la disciplina eclesial por medio de santas amonestaciones del Evangelio; del mismo modo debe también ahora estar lejos de ocurrir que quienes enseñan a otros en la congregación, o quienes son enseñados, se atrevan a tentar a Dios haciendo distingos en aquellas cosas que Él, según Su beneplácito, ha querido que permaneciesen conjuntamente unidas. Porque por las amonestaciones se pone en conocimiento de la gracia; y cuanto más solícitamente desempeñamos nuestro cargo, tanto más gloriosamente se muestra también el beneficio de Dios, que obra en nosotros, y Su obra prosigue entonces de la mejor manera. Solo a este Dios corresponde, tanto en razón de los medios, como por los frutos y la virtud salvadora de los mismos, toda gloria en la eternidad. Amén.

REPROBACIÓN DE LOS ERRORES

Habiendo declarado la doctrina ortodoxa, el Sínodo rechaza los errores de aquellos:

I. Que enseñan: "que propiamente no se puede decir que el pecado original en sí mismo sea suficiente para condenar a todo el género

SUMARIO DE "DOCTRINA CRISTIANA ORTODOXA"

humano, o para merecer castigos temporales y eternos". —Pues éstos contradicen al Apóstol, que dice: *...como el pecado entró en el mundo por un hombre, y por el pecado la muerte, así la muerte pasó a todos los hombres, por cuanto todos pecaron* (Romanos 5.12); y: *...el juicio vino a causa de un solo pecado para condenación* (Romanos 5.16); y: *la paga del pecado es la muerte.* (Romanos 6.23)

II. Que enseñan: que los dones espirituales, o las buenas cualidades y virtudes, como son: bondad, santidad y justicia, no pudieron estar en la libre voluntad del hombre cuando en un principio fue creado, y que, por consiguiente, no han podido ser separadas en su caída. —Pues tal cosa se opone a la descripción de la imagen de Dios que el Apóstol propone (Efesios 4.24), donde confiesa que consiste en justicia y santidad, las cuales se hallan indudablemente en la voluntad.

III. Que enseñan: que, en la muerte espiritual, los dones espirituales no se separan de la voluntad del hombre, ya que la voluntad por sí misma nunca estuvo corrompida, sino solo impedida por la oscuridad del entendimiento y el desorden de las inclinaciones; y que, quitados estos obstáculos, entonces la voluntad podría poner en acción su libre e innata fuerza, esto es: podría de sí misma querer y elegir, o no querer y no elegir, toda suerte de bienes que se le presentasen. —Esto es una innovación y un error, que tiende a enaltecer las fuerzas de la libre voluntad, en contra del juicio del profeta: *Engañoso es el corazón más que todas las cosas, y perverso* (Jeremías 17.9), y del Apóstol: *Entre los cuales* (hijos de desobediencia) *también todos nosotros vivimos en otro tiempo en los deseos de nuestra carne, haciendo la voluntad de la carne y de los pensamientos.* (Efesios 2.3)

IV. Que enseñan que el hombre no renacido no está ni propia ni enteramente muerto en el pecado, o falto de todas las fuerzas para el bien espiritual; sino que aún puede tener hambre y sed de justicia y de vida, y ofrecer el sacrificio de un espíritu humilde y quebrantado, que sea agradable a Dios. —Pues estas cosas están en contra de los testimonios claros de la Sagrada Escritura: *cuando estabais muertos en vuestros delitos y pecados* (Efesios 2.1, 5), y: *todo designio de los pensamientos del corazón de ellos era de continuo solamente el mal...; Porque el intento del corazón del hombre es malo desde su juventud* (Génesis 6.5; 8.21). Además, tener hambre y sed de salvación de la miseria, tener hambre y sed de la vida, y ofrecer a Dios el sacrificio de un espíritu quebrantado, es propio de los renacidos y de los que son llamados bienaventurados. (Salmos 51.19; Mateo 5.6).

V. Que enseñan: "que el hombre natural y corrompido, hasta tal punto puede usar bien de la gracia común (cosa que para ellos es la luz de la naturaleza), o los dones que después de la caída aún le fueron dejados, que por ese buen uso podría conseguir, poco a poco y gradualmente, una gracia mayor, es decir: la gracia evangélica o salvadora y la bienaventuranza misma. Y que Dios, en este orden de cosas, se muestra dispuesto por Su parte a revelar al Cristo a todos los hombres, ya que El suministra a todos, de un modo suficiente y eficaz, los medios que se necesitan para la conversión". —Pues, a la par de la experiencia de todos los tiempos, también la Escritura demuestra que tal cosa es **falsa:** *Ha manifestado Sus palabras a Jacob, Sus estatutos y Sus Juicios a Israel. No ha hecho así con ninguna otra entre las naciones; y en cuanto a Sus juicios, no los conocieron.* (Salmos 147.19, 20). *En las edades pasadas Él ha dejado a todas las gentes andar en sus propios caminos* (Hechos 14.16); y: *Les fue prohibido* (a saber: a Pablo y a los suyos) *por el Espíritu Santo hablar la palabra en Asia; y cuando llegaron a Misia, intentaron ir a Bitinia, pero el Espíritu no se lo permitió.* (Hechos 16.6, 7)

VI. Que enseñan: que en la verdadera conversión del hombre ninguna nueva cualidad, fuerza o don puede ser infundido por Dios en la voluntad; y que, consecuentemente, la fe por la que en principio nos convertimos y en razón de la cual somos llamados creyentes, no es una cualidad o don infundido por Dios, sino solo un acto del hombre, y que no puede ser llamado un don, sino solo refiriéndose al poder para llegar a la fe misma. —Pues con esto contradicen a la Sagrada Escritura que testifica que Dios derrama en nuestro corazón

SUMARIO DE "DOCTRINA CRISTIANA ORTODOXA"

nuevas cualidades de fe, de obediencia y de experiencia de Su amor: *Daré mi Ley en su mente, y la escribiré en su corazón* (Jeremías 31.33); y: Yo *derramaré aguas sobre el sequedal, y ríos sobre la tierra árida; mi Espíritu derramaré sobre tu generación* (Isaías 44.3); y: *El amor de Dios ha sido derramado en nuestros corazones por el Espíritu Santo que nos fue dado* (Romanos 5.5). Este error combate también la costumbre constante de la Iglesia de Dios que, con el profeta, ora así: *Conviérteme, y seré convertido.* (Jeremías 31.18)

VII. Que enseñan: que la gracia, por la que somos convertidos a Dios, no es otra cosa que una suave moción o consejo; o bien (como otros lo explican), que la forma más noble de actuación en la conversión del hombre, y la que mejor concuerda con la naturaleza del mismo, es la que se hace aconsejando, y que no cabe el por qué solo esta gracia estimulante no sería suficiente para hacer espiritual al hombre natural; es más, que Dios de ninguna manera produce el consentimiento de la voluntad sino por esta forma de moción o consejo, y que el poder de la acción divina, por el que ella supera la acción de Satanás, consiste en que Dios promete bienes eternos, en tanto que Satanás solo temporales. —Pues esto es totalmente pelagiano y está en oposición a toda la Sagrada Escritura, que reconoce, además de ésta, otra manera de obrar del Espíritu Santo en la conversión del hombre mucho más poderosa y más divina. Como se nos dice en Ezequiel: Os *daré corazón nuevo, y pondré espíritu nuevo dentro de vosotros; y gustaré de vuestra carne el corazón de piedra, y os daré un corazón de carne.* (Ezequiel 36.26)

VIII. Que enseñan: que Dios no usa en la regeneración o nuevo nacimiento del hombre tales poderes de Su omnipotencia que dobleguen eficaz y poderosamente la voluntad de aquél a la fe y a la conversión; sino que, aún cumplidas todas las operaciones de la gracia que Dios usa para convertirle, el hombre sin embargo, de tal manera puede resistir a Dios y al Espíritu Santo, y de hecho también resiste con frecuencia cuando Él se propone su regeneración y le quiere hacer renacer, que impide el renacimiento de sí mismo; y que sobre este asunto queda en su propio poder el ser renacido o no. —Pues esto no es otra cosa sino quitar todo el poder de la gracia de Dios en nuestra conversión, y subordinar la acción de Dios Todopoderoso a la voluntad del hombre, y esto contra los Apóstoles, que enseñan: *que creemos, según la operación del poder de Su fuerza* (Efesios 1.19); y: *que nuestro Dios os tenga por dignos de Su llamamiento, y cumpla todo propósito de bondad y toda obra de fe con Su poder* (2 Tesalonicenses 1.11); y: *como todas las cosas que pertenecen a la vida y a la piedad nos han sido dadas por Su divino poder.* (2 Pedro 1.3)

IX. Que enseñan: que la gracia y la voluntad libre son las causas parciales que obran conjuntamente el comienzo de la conversión, y que la gracia, en relación con la acción, no precede a la acción de la voluntad; es decir, que Dios no ayuda eficazmente a la voluntad del hombre para la conversión, sino cuando la voluntad del hombre se mueve a sí misma y se determina a ello. —Pues la Iglesia antigua condenó esta doctrina, ya hace siglos, en los pelagianos, con aquellas palabras del Apóstol: *Así que no depende del que quiere, ni del que corre, sino de Dios, que tiene misericordia.* (Romanos 9.16). Asimismo: *¿Quién te distingue? ¿O qué tienes que no hayas recibido?* (1 Corintios 4.7); y: *Dios es el que en vosotros produce así el querer como el hacer, por Su buena voluntad. (Filipenses 2.13)*

CAPÍTULO QUINTO: DE LA PERSEVERANCIA DE LOS SANTOS

I. A los que Dios llama, conforme a Su propósito, a la comunión de Su Hijo, nuestro Señor Jesucristo, y regenera por el Espíritu Santo, a éstos les salva ciertamente del dominio y de la esclavitud del pecado, pero no les libra en esta vida totalmente de la carne y del cuerpo del pecado.

II. De esto hablan los cotidianos pecados de la flaqueza, y el que las mejores obras de los santos también adolezcan de defectos. Lo cual les da motivo constante de humillarse ante Dios, de buscar su refugio en el Cristo crucificado, de matar progresivamente la carne por espíritu de oración y los santos ejercicios de piedad, y de desear la meta de la perfección, hasta que, librados de este cuerpo de muerte, reinen con el Cordero de Dios en los cielos.

III. A causa de estos restos de pecado que moran en el hombre, y también con motivo de las tentaciones del mundo y de Satanás, los convertidos no podrían perseverar firmemente en esa gracia, si fuesen abandonados a sus propias fuerzas. Pero fiel es Dios que misericordiosamente los confirma en la gracia que, una vez, les fue dada, y los guarda poderosamente hasta el fin.

IV. Y si bien ese poder de Dios por el que corona y guarda en la gracia a los creyentes verdaderos, es mayor que el que les podría hacer reos de la carne, sin embargo, los convertidos no siempre son de tal manera conducidos y movidos por Dios que ellos, en ciertos actos especiales, no puedan apartarse por su propia culpa de la dirección de la gracia, y ser reducidos por las concupiscencias de la carne y seguirlas. Por esta razón, deben velar y orar constantemente que no sean metidos en tentación. Y si no lo hacen así, no solo pueden ser llevados por la carne, el mundo y Satanás a cometer pecados graves y horribles, sino que ciertamente, por permisión justa de Dios, son también llevados a veces hasta esos mismos pecados; como lo prueban las lamentables caídas de David, Pedro y otros santos, que están descritas en las Sagradas Escrituras.

V. Con tan groseros pecados irritan grandemente a Dios, se hacen reos de muerte, entristecen al Espíritu Santo, destruyen temporalmente el ejercicio de la fe, hieren de manera grave su conciencia, y pierden a veces por un tiempo el sentimiento de la gracia; hasta que el rostro paternal de Dios se les muestra de nuevo, cuando retornan de sus caminos a través del sincero arrepentimiento.

VI. Pues Dios, que es rico en misericordia, obrando de conformidad con el propósito de la elección, no aparta totalmente el Espíritu Santo de los suyos, incluso en las caídas más lamentables, ni los deja recaer hasta el punto de que pierdan la gracia de la aceptación y el estado de justificación, o que pequen para muerte o contra el Espíritu Santo y se precipiten a sí mismos en la condenación eterna al ser totalmente abandonados por Él.

VII. Pues, en primer lugar, en una caída tal, aún conserva Dios en ellos esta Su simiente incorruptible, de la que son renacidos, a fin de que no perezca ni sea echada fuera. En segundo lugar, los renueva cierta y poderosamente por medio de Su Palabra y Espíritu convirtiéndolos, a fin de que se contristen, de corazón y según Dios quiere, por los pecados cometidos; deseen y obtengan, con un corazón quebrantado, por medio de la fe, perdón en la sangre del Mediador; sientan de nuevo la gracia de Dios de reconciliarse entonces con ellos; adoren Su misericordia y fidelidad; y en adelante se ocupen más diligentemente en su salvación con temor y temblor.

VIII. Por consiguiente, consiguen todo esto no por sus méritos o fuerzas, sino por la misericordia gratuita de Dios, de tal manera que ni caen del todo de la fe y de la gracia, ni permanecen hasta el fin en la caída o se pierden. Lo cual, por lo que de ellos depende, no solo podría ocurrir fácilmente, sino que realmente ocurriría. Pero por lo que respecta a Dios, no puede suceder de ninguna manera, por cuanto ni Su consejo puede ser alterado, ni rota Su promesa, ni revocada la vocación conforme a Su propósito, ni invalidado el mérito de Cristo, así como la intercesión y la protección del mismo, ni eliminada o destruida la confirmación del Espíritu Santo.

IX. De esta protección de los elegidos para la salvación, y de la perseverancia de los verdaderos creyentes en la fe, pueden estar seguros los creyentes mismos, y lo estarán también según la medida de la fe por la que firmemente creen que son y permanecerán siempre miembros vivos y verdaderos de la Iglesia, y que poseen el perdón de los pecados y la vida eterna.

X. En consecuencia, esta seguridad no proviene de alguna revelación especial ocurrida sin o fuera de la Palabra, sino de la fe en las

SUMARIO DE "DOCTRINA CRISTIANA ORTODOXA"

promesas de Dios, que Él, para consuelo nuestro, reveló abundantemente en Su Palabra; del testimonio del Espíritu Santo, el cual da *testimonio a nuestro espíritu, de que somos hijos de Dios* (Romanos 8.16); y, finalmente, del ejercicio santo y sincero tanto de una buena conciencia como de las buenas obras. Y si los elegidos de Dios no tuvieran en este mundo, tanto este firme consuelo de que guardarán la victoria, como esta prenda cierta de la gloria eterna, entonces serían los más miserables de todos los hombres.

XI. Entretanto, la Sagrada Escritura testifica que los creyentes, en esta vida, luchan contra diversas vacilaciones de la carne y que, puestos en grave tentación, no siempre experimentan esta confianza absoluta de la fe y esta certeza de la perseverancia. Pero Dios, el Padre de toda consolación, no les dejará ser tentados más de lo que puedan resistir, sino que dará también juntamente con la tentación la salida (1 Corintios 10.13), y de nuevo despertará en ellos, por el Espíritu Santo, la seguridad de la perseverancia.

XII. Pero tan fuera de lugar está que esta seguridad de la perseverancia pueda hacer vanos y descuidados a los creyentes verdaderos, que es ésta, por el contrario, una base de humildad, de temor filial, de piedad verdadera, de paciencia en toda lucha, de oraciones fervientes, de firmeza en la cruz y en la confesión de la verdad, así como de firme alegría en Dios; y que la meditación de ese beneficio es para ellos un estímulo para la realización seria y constante de gratitud y buenas obras, como se desprende de los testimonios de la Sagrada Escritura y de los ejemplos de los santos.

XIII. Asimismo, cuando la confianza en la perseverancia revive en aquellos que son reincorporados de la caída, eso no produce en ellos altanería alguna o descuido de la piedad, sino un cuidado mayor en observar diligentemente los caminos del Señor que fueron preparados de antemano, a fin de que, caminando en ellos, pudiesen guardar la seguridad de su perseverancia y para que el semblante de un Dios expiado (cuya contemplación es para los piadosos más dulce que la vida, y cuyo ocultamiento les es más amargo que la muerte) no se aparte nuevamente de ellos a causa del abuso de Su misericordia paternal, y caigan así en más graves tormentos de ánimo.

XIV. Como agradó a Dios comenzar en nosotros esta obra suya de la gracia por la predicación del Evangelio, así la guarda, prosigue y consuma Él por el oír, leer y reflexionar de aquél, así como por amonestaciones, amenazas, promesas y el uso de los sacramentos.

XV. Esta doctrina de la perseverancia de los verdaderos creyentes y santos, así como de la seguridad de esta perseverancia que Dios, para honor de Su Nombre y para consuelo de las almas piadosas, reveló superabundantemente en Su Palabra e imprime en los corazones de los creyentes, no es comprendida por la carne, es odiada por Satanás, escarnecida por el mundo, abusada por los inexpertos e hipócritas, y combatida por los herejes; pero la Esposa de Cristo siempre la amó con ternura y la defendió con firmeza cual un tesoro de valor inapreciable. Y que también lo haga en el futuro, será algo de lo que se preocupará Dios, contra quien no vale consejo alguno, ni violencia alguna puede nada. A este único Dios, Padre, Hijo y Espíritu Santo, sea el honor y la gloria eternamente. Amén.

REPROBACIÓN DE LOS ERRORES

Habiendo declarado la doctrina ortodoxa, el Sínodo rechaza los errores de aquellos:

I. Que enseñan: que la perseverancia de los verdaderos creyentes no es fruto de la elección, o un don de Dios adquirido por la muerte de Cristo; sino una condición del Nuevo Pacto, que el hombre, para su (como dicen ellos) elección decisiva y justificación, debe cumplir por su libre voluntad. —Pues la Sagrada Escritura atestigua que la perseverancia se sigue de la elección, y es dada a los elegidos en virtud de la muerte, resurrección e intercesión de Cristo: Los *escogidos sí lo han alcanzado, y los demás fueron endurecidos.* (Romanos 11.7). Y asimismo: El *que no escatimó ni a Su propio Hijo, sino que lo entregó por*

SUMARIO DE "DOCTRINA CRISTIANA ORTODOXA"

todos nosotros, ¿cómo no nos dará también con él todas las cosas? ¿Quién acusará a los escogidos de Dios? Dios es el que justifica. ¿Quién es el que condenará? Cristo es el que murió; más aún, el que también resucitó, el que también intercede por nosotros. ¿Quién nos separará del amor de Cristo? (Romanos 8.32-35)

II. Que enseñan: que Dios ciertamente provee al hombre creyente de fuerzas suficientes para perseverar, y está dispuesto a conservarlas en él si éste cumple con su deber; pero, aunque sea así que todas las cosas que son necesarias para perseverar en la fe y las que Dios quiere usar para guardar la fe, hayan sido dispuestas, aun entonces dependerá siempre del querer de la voluntad el que ésta persevere o no. —Pues este sentir adolece de un pelagianismo manifiesto; y mientras éste pretende hacer libres a los hombres, los torna de este modo en ladrones del honor de Dios; además, está en contra de la constante unanimidad de la enseñanza evangélica, la cual quita al hombre todo motivo de glorificación propia y atribuye la alabanza de este beneficio únicamente a la gracia de Dios; y por último va contra el Apóstol, que declara: *Dios... os confirmará hasta el fin, para que seáis irreprensibles en el día de nuestro Señor Jesucristo.* (1 Corintios 1.8)

III. Que enseñan: "que los verdaderos creyentes y renacidos no solo pueden perder total y definitivamente la fe justificante, la gracia y la salvación, sino que de hecho caen con frecuencia de las mismas y se pierden eternamente". —Pues esta opinión desvirtúa la gracia, la justificación, el nuevo nacimiento y la protección permanente de Cristo, en oposición con las palabras expresas del apóstol Pablo: *que siendo aún pecadores, Cristo murió por nosotros. Pues mucho más, estando ya justificados en su sangre, por él seremos salvos de la ira* (Romanos 5.8, 9); y en contra del Apóstol Juan: *Todo aquel que es nacido de Dios, no practica el pecado, porque la simiente de Dios permanece en él; y no puede pecar, porque es nacido de Dios* (1 Juan 3.9); y también en contra de las palabras de Jesucristo: *Y yo les doy vida eterna; y no perecerán jamás, ni nadie las arrebatará de mi mano. Mi Padre que me las dio, es mayor que todos, y nadie las puede arrebatar de la mano de mi Padre.* (Juan 10.28, 29)

IV. Que enseñan: "que los verdaderos creyentes y renacidos pueden cometer el pecado de muerte, o sea, el pecado contra el Espíritu Santo. —Porque el apóstol Juan mismo, una vez que habló en el capítulo cinco de su primera carta, versículos 16 y 17, de aquellos que pecan de muerte, prohibiendo orar por ellos, agrega enseguida, en el versículo 18. *Sabemos que todo aquel que ha nacido de Dios no practica el pecado* (entiéndase: tal género de pecado), *pues Aquél que fue engendrado por Dios le guarda, y el maligno no le toca.* (1 Juan 5.18)

V. Que enseñan: "que en esta vida no se puede tener seguridad de la perseverancia futura, sin una revelación especial". —Pues por esta doctrina se quita en esta vida el firme consuelo de los verdaderos creyentes, y se vuelve a introducir en la Iglesia la duda en que viven los partidarios del papado; en tanto la Sagrada Escritura deduce a cada paso esta seguridad, no de una revelación especial ni extraordinaria, sino de las características propias de los hijos de Dios, y de las promesas firmísimas de Dios. Así, especialmente, el apóstol Pablo: *Ninguna otra cosa creada nos podrá separar del amor de Dios, que es en Cristo Jesús Señor nuestro* (Romanos *8.39); y* Juan: *el que guarda sus mandamientos, permanece en Dios, y Dios en él. Y en esto sabemos que él permanece en nosotros, por el Espíritu que nos ha dado.* (1 Juan 3.24)

VI. Que enseñan: "que la doctrina de la seguridad o certeza de la perseverancia y de la salvación es por su propia índole y naturaleza una comodidad para la carne, y perjudicial para la piedad, para las buenas costumbres, para la oración y para otros ejercicios santos; pero que por el contrario, es de elogiar el dudar de ellas. —Pues éstos demuestran que no conocen el poder de la gracia divina y la acción del Espíritu Santo y contradicen al apóstol Juan, que en su primera epístola enseña expresamente lo contrario: *Amados, ahora somos hijos de Dios, y aún no se ha manifestado lo que hemos de ser; pero sabemos que cuando él se manifieste, seremos semejantes a él, porque le veremos tal como él es. Y todo aquél que tiene esta esperanza en él, se purifica a sí mismo, así como él es.* (1 Juan 3.2, 3). Además, éstos son refutados por los ejemplos de los santos, tanto

SUMARIO DE "DOCTRINA CRISTIANA ORTODOXA"

del Antiguo como del Nuevo Testamento, quienes, aunque estuvieron seguros de su perseverancia y salvación, perseveraron sin embargo en las oraciones y otros ejercicios de piedad.

VII. Que enseñan: "que la fe de aquellos que solamente creen por algún tiempo no difiere de la fe justificante y salvífica, sino solo en la duración". —Pues Cristo mismo, en Mateo 13.20, y en Lucas 8.13 y siguientes, además de esto establece claramente una triple diferencia entre aquellos que solo creen por un cierto tiempo, y los creyentes verdaderos, cuando dice que aquellos reciben la simiente en tierra pedregosa, mas éstos en tierra buena, o sea, en buen corazón; que aquellos no tienen raíces, pero éstos poseen raíces firmes; que aquellos no llevan fruto, pero éstos los producen constantemente en cantidad diversa.

VIII. Que enseñan: que no es un absurdo que el hombre, habiendo perdido su primera regeneración, sea de nuevo, y aun muchas veces, regenerado". —Pues éstos, con tal doctrina, niegan la incorruptibilidad de la simiente de Dios por la que somos renacidos, y se oponen al testimonio del apóstol Pedro, que dice: *siendo renacidos, no de simiente corruptible, sino de incorruptible.* (1 Pedro 1.23)

IX. Que enseñan: que Cristo en ninguna parte rogó que los creyentes perseverasen infaliblemente en la fe. —Pues contradicen a Cristo mismo, que dice: *Yo he rogado por ti* (Pedro), *que tu fe no falte* (Lucas 22.32), y al evangelista Juan, que da testimonio de que Cristo no solo por los apóstoles, sino también por todos aquellos que habrían de creer por su palabra, oró así: *Padre Santo, guárdalos en tu nombre; y: no ruego que los quites del mundo, sino que los libres del mal.* (Juan 17.11, 15)

CONCLUSIÓN

Esta es la explicación escueta, sencilla y genuina de la doctrina ortodoxa de los CINCO ARTÍCULOS sobre los que surgieron diferencias en los Países Bajos, y, a la vez, la reprobación de los errores que conturbaron a las iglesias holandesas durante cierto tiempo. El Sínodo juzga que tal explicación y reprobación han sido tomadas de la Palabra de Dios, y que concuerdan con la confesión de las Iglesias Reformadas. De lo que claramente se deduce que aquellos a quienes menos correspondían tales cosas, han obrado en contra de toda verdad, equidad y amor, y han querido hacer creer al pueblo que la doctrina de las Iglesias Reformadas respecto a la predestinación y a los capítulos referentes a ella desvían, por su propia naturaleza y peso, el corazón de los hombres de toda piedad y religión; que es una comodidad para la carne y el diablo, y una fortaleza de Satanás, desde donde trama emboscada a todos los hombres, hiere a la mayoría de ellos y a muchos les sigue disparando mortalmente los dardos de la desesperación o de la negligencia. Que hace a Dios autor del pecado y de la injusticia, tirano e hipócrita, y que tal doctrina no es otra cosa sino un extremismo renovado, maniqueísmo, libertinismo y fatalismo; que hace a los hombres carnalmente descuidados al sugerirse a sí mismos por ella que a los elegidos no puede perjudicarles en su salvación el cómo vivan, y por eso se permiten cometer tranquilamente toda suerte de truhanerías horrorosas; que a los que fueron reprobados no les puede servir de salvación el que, concediendo que pudiera ser, hubiesen hecho verdaderamente todas las obras de los santos; que con esta doctrina se enseña que Dios, por simple y puro antojo de Su voluntad, y sin la inspección o crítica más mínima de pecado alguno, predestinó y creó a la mayor parte de la humanidad para la condenación eterna; que la reprobación es causa de la incredulidad e impiedad de igual manera que la elección es fuente y causa de la fe y de las buenas obras; que muchos niños inocentes son arrancados del pecho de las madres, y tiránicamente arrojados al fuego infernal, de modo que ni la sangre de Cristo, ni el Bautismo, ni la oración de la Iglesia en el día de su bautismo les pueden aprovechar; y muchas otras cosas parecidas, que las Iglesias Reformadas no solo no reconocen, sino que también rechazan y detestan de todo corazón.

SUMARIO DE "DOCTRINA CRISTIANA ORTODOXA"

Por tanto, a cuantos piadosamente invocan el nombre de nuestro Salvador Jesucristo, este Sínodo de Dordrecht les pide en el nombre del Señor, que quieran juzgar de la fe de las Iglesias Reformadas, no por las calumnias que se han desatado aquí y allá, y tampoco por los juicios privados o solemnes de algunos pastores viejos o jóvenes, que a veces son también fielmente citados con demasiada mala fe, o pervertidos y torcidos en conceptos erróneos; sino de las confesiones públicas de las Iglesias mismas, y de esta declaración de la doctrina ortodoxa que con unánime concordancia de todos y cada uno de los miembros de este Sínodo general se ha establecido.

A continuación, este Sínodo amonesta a todos los consiervos en el Evangelio de Cristo para que al tratar de esta doctrina, tanto en los colegios como en las iglesias, se comporten piadosa y religiosamente; y que la encaminen de palabra y por escrito a la mayor gloria de Dios, a la santidad de vida y al consuelo de los espíritus abatidos; que no solo sientan, sino que también hablen con las Sagradas Escrituras conforme a la regla de la fe; y, finalmente, se abstengan de todas aquellas formas de hablar que excedan los límites del recto sentido de las Escrituras, que nos han sido expuestos, y que pudieran dar a los sofistas motivo justo para denigrar o también para maldecir la doctrina de las Iglesias Reformadas.

El Hijo de Dios, Jesucristo, que, sentado a la derecha de Su Padre, dá dones a los hombres, nos santifique en la verdad; traiga a la verdad a aquellos que han caído; tape su boca a los detractores de la doctrina sana; y dote a los fieles siervos de Su Palabra con el espíritu de sabiduría y de discernimiento, a fin de que todas sus razones puedan prosperar para honor de Dios y para edificación de los creyentes. Amén.

Los Cinco Puntos del Calvinismo

SOBRE LA IMPORTANCIA DE ESTOS CÁNONES

Mucho antes de Westminster, cuando en Holanda los discípulos de Arminio se pronunciaron en los *Remonstrantes*, pidiendo a los estados holandeses que patentizaran sus propuestas (Cinco Puntos del arminianismo); rápido, las Iglesias Presbiterianas de los estados holandeses actuaron y convocaron tal sínodo en Dordrecht en 1618. Allí, con una coalición presbiteriana internacional (presentes Inglaterra, Escocia, los Palatinados, Hesse, Nassau, Bremen, Edmen y Suiza, además de Holanda, por supuesto; y habiéndose ausentado Francia y Brandeburgo), los 84 delegados, más 18 delegados políticos (48 en total fueron holandeses), deliberaron. No le permitieron a los *remonstrantes* votar, pero sí podían defender sus posturas. Y en 1619, luego de **154 sesiones**, los Cinco Puntos de Arminio fueron rechazados. Se adoptaron **Cinco Cánones totalmente calvinistas** y se discutieron ampliamente las razones. Desde entonces, quizás debido a que se trata de la decisión protestante más representativa jamás reunida, a dichas resoluciones se les llama: Los Cánones de Dort.[70]

---

[70] Berkhof, Louis. Historia de las Doctrinas Cristianas. Págs. 194, 195.

DISTINTIVOS Y PRINCIPIOS BAUTISTAS HISTÓRICOS

Hay ciertos principios (o doctrinas), sino filosofía eclesiástica, que definen a los bautistas y que son logros de la denominación cristiana bautista y/o sus precursores. Son doctrinas bíblicas, pero que los bautistas las entendemos y creemos distinto a como la plantean y practican los demás protestantes y evangélicos.

Otros grupos evangélicos en la modernidad comparten varios de estos distintivos, pero se debe justamente a que lo copiaron o heredaron de los bautistas y/o sus precursores. Los menonitas, p.ej., tienen prácticamente los mismos precursores en común con los Anabautistas. De hecho, un menonita, por historia, es un Anabautista, pero con el nombre modificado.

Un bautista suele estar a tono con los anabautistas en lo esencial de sus convicciones eclesiológicas, del mismo modo que suele estar distanciado con los luteranos y episcopales en esas mismas concepciones, los reformados suelen estar en el medio en esto.

Las concepciones soteriológicas bautistas suelen pendular entre las concepciones evangélicas, pietistas y reformadas. Hay bautistas completamente calvinistas o agustinianos en su soteriología. A la vez, es relativamente raro encontrar un bautista netamente pelagiano o arminiano, ni siquiera entre los Bautistas Libres (*Free Will Baptists*).

¿De qué tratan los principios bautistas?
El doctor **Justo Anderson** presentó los principios bautistas de la forma siguiente:

I. PRINCIPIO CRISTOLÓGICO:
   EL SEÑORÍO DE CRISTO.
II. PRINCIPIO BÍBLICO:

SUMARIO DE "DOCTRINA CRISTIANA ORTODOXA"

           LA AUTORIDAD DEL NUEVO TESTAMENTO.
- III.   PEINCIPIO ECLESIÁSTICO:
  UNA MEMBRESÍA REGENERADA.
- IV.   PRINCIPIO SOCIOLÓGICO:
  EL ORDEN DEMOCRÁTICO.
- V.   PRINCIPIO ESPIRITUAL:
  LA LIBERTAD RELIGIOSA.
- VI.   PRINCIPIO POLÍTICO:
  LA SEPARACIÓN ENTRE IGLESIA Y ESTADO.
- VII.   PRINCIPIO EVANGELÍSTICO:
  EL EVANGELISMO PERSONAL Y LA EMPRESA MISIONERA.

Claramente se puede observar en el orden propuesto por el **Dr. J. Anderson** que los principios I, II y VII son comunes a toda la cristiandad ortodoxa.

El **Dr. N. Finn** los propone según sigue:[71]

I. LA COMUNIDAD DEL EVANGELIO: UNA MEMBRESÍA REGENERADA

El doctor **J. Hammet**[72] dijo: "La membresía regenerada de la iglesia es la marca Bautista de la iglesia". La iglesia local es la comunidad del evangelio. Rechazamos:

1. Una membresía de no cristianos.
2. Una membresía precristiana. Estos dos tipos de membresía representan el divorcio entre el evangelio y la iglesia.

---

[71] La mayoría de estos principios corresponden a mis manuscritos de la clase "Historia de los Bautistas" con el Dr. N. Finn, cuando cursaba una Maestría en el SEBTS. Si bien lo hemos cotejado y consultado con los Manuscritos del Dr. James Leo Garrett (Los Bautistas 1); con *The Baptist Heritage* del Dr. Leo MacBeth; y la Historia de Los Bautistas del Dr. Justo Anderson.

[72] Profesor en el SEBTS.

Distintivos y Principios Bautistas Históricos

Dos prácticas comunes:

1. **Un pacto de la iglesia local** (decadente en el S. XX).
2. **Ejercer la disciplina redentora de la iglesia**, esto:
   (a) ayuda a preservar *la pureza doctrinal*, la cual siempre es amenazada por las herejías;
   (b) ayuda a mantener *la santidad de sus miembros,* lo que siempre es amenazado por el pecado;
   (c) ayuda a mantener *la unidad del compañerismo*, lo cual es amenazado siempre por los cismas.[73]

La disciplina de la iglesia es casi única de los bautistas (y anabautistas) entre las iglesias históricas. La disciplina lleva a cabo una función evangelística. Los bautistas valoramos UNA MEMBRESÍA REGENERADA DE LA IGELSIA.

Principios disciplinarios:

3. Deben ser disciplinados los PECADOS PÚBLICOS y/o AQUELLOS QUE SON REINCIDENTES (PATRONES).
4. **La disciplina en la iglesia no es punitiva sino redentora**, termina cuando se arrepiente sinceramente el hermano.
5. El arrepentimiento debe ser tan elevado como el pecado cometido. Etc.

---

[73] **Patrick Hues Mell**. *La Disciplina Correctiva de la Iglesia.* Ver documento en: www.reformerreaders.org/rbb/mell/correctivechurchdiscipline/toc.htm

SUMARIO DE "DOCTRINA CRISTIANA ORTODOXA"

II. IDENTIFICACIÓN CON EL EVANGELIO: BAUTISMO DE CREYENTES POR INMERSIÓN

El bautismo de creyentes por inmersión es una doctrina íntimamente relacionada con la visión eclesiológica como la entendemos los bautistas. El bautismo importa porque el evangelio importa.

Hay 4 elementos en el bautismo del NT:

1. **El sujeto apropiado** para ser bautizado es "un creyente", alguien que ha respondido al evangelio.
2. **La forma o modo apropiado** para el bautismo es "la inmersión" (gr. *Baptizo*. Lit. sumergir o hundir).
3. **El significado apropiado** del bautismo es "una representación simbólica" de las realidades del evangelio como la muerte y sepultura del viejo yo, la resurrección a una nueva vida, el lavamiento de los pecados, la unión con Cristo y una identificación pública con la comunidad del evangelio (tanto universal como local). Todas estas cosas forman parte del evangelio, son elementos de las realidades presentadas en el evangelio.
4. **El administrador apropiado** del bautismo es la comunidad de fe (la iglesia local), salvo en contextos misioneros donde no hay iglesias cercanas y se está buscando crear una nueva iglesia.

Cualquiera que no es cristiano y haya sido bautizado, y si alguien fue bautizado siendo un bebé, sin importar el contexto, no ha sido realmente bautizado, al menos en la realidad neotestamentaria del evangelio. El bautismo libra a la iglesia de meter en sus filas personas precristianas y/o falsos cristianos. El bautismo de creyentes preserva la "membresía regenerada de la iglesia". Cualquier método que no es sumergimiento, no es un bautismo apropiado. En esto existe una diferencia marcada entre Anabautistas (Menonitas) y Bautistas. Los Anabautistas bautizan creyentes, pero suelen hacerlo por aspersión; mientras que el bautismo entre los bautistas es necesariamente por inmersión, salvo las excepciones de imposibilidad del candidato.

Las malas prácticas (cualquier otra que no sea inmersión de creyentes administrado por creyentes autorizados por una iglesia) surgen de un entendimiento incorrecto del bautismo. Son personas que creen en la regeneración bautismal, es decir, que el bautismo salva. El bautismo no es el evangelio, lo representa. El bautismo es una gracia de Dios a los hombres, pero no es la gracia salvadora ni regeneradora. Debe ocurrir bajo la autoridad de una iglesia para que sea bautismo bíblico.

El bautismo incorrecto puede ocurrir en tres escenarios:

5. Los que se bautizan por ministerios para-eclesiásticos, ese no es el bautismo que vemos en la práctica neotestamentaria.
6. Sucede cuando alguien quiere autobautizarse. Eso no es bautismo bíblico. Es la comunidad de fe (la iglesia) la que debe bautizar.
7. Ocurre cuando se bautiza un no regenerado (ya niño, ya adulto). El bautismo bíblico debe ser suministrado exclusivamente a creyentes.

Teológicamente hablando, un bautismo del Nuevo Testamento es un evento que debe ocurrir como respuesta al arrepentimiento para vida, y debe ser hecho indefectiblemente en el nombre del Padre, del Hijo y del Espíritu Santo. Cualquier otro modelo no es bautismo bíblico.

El doctor **Danny Akin**[74] subraya 7 características del bautismo del Nuevo Testamento (que pueden ser identificadas en Romanos 6):

---

[74] Danny Akin es el actual rector (2018) del SEBTS. Es además autor de varios libros.

SUMARIO DE "DOCTRINA CRISTIANA ORTODOXA"

1. El bautismo significa que ahora estamos identificados con el nombre de vida, no con el de muerte.
2. El bautismo significa que no podemos seguir coqueteando con el pecado porque hemos muerto al pecado.
3. El bautismo nos identifica con Cristo en su muerte.
4. El bautismo nos identifica con Cristo en su vida resucitada (este es el simbolismo del bautismo)
5. El bautismo simboliza que ya no estamos bajo la esclavitud del pecado, pues ese hombre ahora está muerto.
6. El bautismo refleja una confianza escatológica, la esperanza en Cristo, es una que nunca terminará, nuestra esperanza eterna en Cristo.
7. El bautismo es la base para la mortificación diaria de la carne (esto es práctico). Un verdadero creyente debe vivir identificado con la comunidad a la que representa.

¿Debería ser un pastor quien administre el bautismo?
Eso está en manos de la iglesia. La autoridad no está en el individuo, sino en la iglesia.

¿Estaría usted en desacuerdo con el bautismo presbiteriano de infantes?
Hay diferentes razones por la que se practica el bautismo en los diferentes grupos cristianos. Los presbiterianos creen que los bautizados son los herederos del pacto. El bautismo del NT es el bautismo para arrepentimiento por inmersión. El bautismo representa el Nuevo Pacto, simboliza la redención.

El bautismo por inmersión (de creyentes) es probablemente la práctica más remarcable y distintiva de las iglesias cristianos denominadas bautistas. Otros grupos evangélicos contemporáneos tienen la misma concepción sin ser nombrados bautistas, pero ello es debido a la gran influencia en ellos de los principios eclesiológicos bautistas (por ejemplo, los Discípulos de Cristo y la Iglesia de Cristo, quienes se dividieron de los bautistas en la segunda mitad del siglo XIX). Otros grupos e iglesias independientes no nombradas como tal simplemente son bautistas que no portan tal distinguido apellido.

III. PRACTICANDO EL EVANGELIO EN COMUNIDAD: CONGREGACIONALISMO

Las decisiones se toman por la congregación. Congregacionalismo es la creencia de que la autoridad terrenal más alta en una iglesia local es la congregación misma. Esto implica: (1) la mayoría de la iglesia determina la agenda de la iglesia; (2) el o los ancianos (pastores/ministros/obispos) no son los que deciden la mayoría de los asuntos de la iglesia.

El congregacionalismo supone una membresía regenerada, por eso no hay riesgos mayores ya que los miembros son regenerados. Congregacionalismo no significa "tiranía" de la mayoría, es decir, que hay que reunirse para decidir hasta las tonterías. Congregacionalismo significa que se decide por las cosas de envergadura. Los bautistas entendemos que la autoridad pastoral es una delegada. El (los) pastor(es) se debe(n) a Cristo y a su congregación. Si el pastor se convierte en un hereje, la congregación no tiene por qué seguir a ese hombre.

El congregacionalismo dá miedo, es riesgoso. Es por eso que todos los distintivos están conectados. El congregacionalismo resultará un fracaso cuando la iglesia esté llena de gente perdida, o cuando tiene un pastor que piensa que él es Jesús. Falla cuando no hay rendición de cuentas en una iglesia. Los malos ejemplos de congregacionalismo no nos dan carta para descartar el congregacionalismo.

¿Quién decide?
La iglesia en diferentes formatos y órdenes. Reformemos el congregacionalismo para la gloria de Dios.

¿Qué hacemos cuando quienes figuran en la membresía de la iglesia y tienen algún tiempo sin congregarse (sin motivos justos) aparecen para las tomas de decisiones?
Debemos enseñar a nuestras congregaciones el preciado valor y la importancia de la membresía. Por otro lado, debemos legislar para que los "miembros" sin compromiso no tengan derecho de decidir o representar a la iglesia en sus decisiones. Protejamos la integridad de la membresía de la iglesia. Los pactos, confesiones y reglamentos internos y estatutos públicos (donde son posibles) son las herramientas comunes para evitar esto sin sabores e inconsistencias.

SUMARIO DE "DOCTRINA CRISTIANA ORTODOXA"

IV. LA COMUNIDAD DEL EVANGELIO: LA AUTORIDAD DE LA IGLESIA LOCAL

La autonomía de la iglesia local y su concepción de ser la máximo autoridad terrenal es un principio netamente bautista.

No se sabe de ninguna autoridad neotestamentaria de una iglesia sobre otra o sobre otras. Tampoco se sabe de ninguna asociación de iglesias con fines gobernativos en la eclesiología neotestamentaria. La más alta autoridad terrenal a la luz del Nuevo Testamento es la de la iglesia local. De ahí:

- La iglesia local es la más alta autoridad eclesiástica sobre la tierra.
- Una iglesia bautista es libre de tener su propia agenda espiritual. Esto es desconocido para todas las demás denominaciones (metodistas, presbiterianas, episcopales, etc.)
- La autonomía refleja la libertad de la gente del evangelio en una comunidad específica para cumplir cualquier fin del evangelio que ellos establezcan, bajo la autoridad y señorío de Cristo, acorde con las escrituras.
- La libertad en el evangelio es siempre acompañada de responsabilidad.
- Autonomía no significa aislamiento.
- Las iglesias autónomas se asocian entre sí para cumplir los propósitos del evangelio.

Las asociaciones suelen facilitar el hacer más en *pro* del reino de Cristo. Las asociaciones suelen ser formales o informales. Las formales pueden ser nacionales, como la *Southern Baptist Convention* (Convención Bautista del Sur) de los Estados Unidos, o la Convención Bautista de Brasil, por ejemplo. A menudo existen asociaciones regionales, también locales, e incluso internacionales (como la Alianza Bautista Mundial). Otras pueden ser incluso informales. Estas suelen ser asociaciones sin acuerdos documentados, pero pueden ser funcionales.

El principio asociacional ha dado muestra de gran eficacia en la historia de los bautistas.

V. PRESERVANDO LA LIBERTAD DEL EVANGELIO: LIBERTAD DE CONCIENCIA

El prestigioso pastor **George W. Trutt** dijo (1941/44 en los escalones del capitolio):

"Los bautistas tienen una historia consistente en lo referente a la libertad religiosa. A través de su larga historia llena de eventos, nunca han suprimido la conciencia. Siempre han sido los firmes defensores de la libertad, tanto religiosa como civil. Su contención ahora es, y ha sido, y quiera Dios que siempre sea el derecho natural que tiene todo ser humano de adorar a Dios o no, según el dictamen de su conciencia, y mientras no infrinja el derecho de otro, la persona debe rendir cuentas solo a Dios por todas las creencias y prácticas religiosas. Es la contención consistente e insistente de nuestra gente Bautista, siempre y en todo lugar, que la religión debe ser siempre voluntaria, no coaccionada; y no es la prerrogativa de ningún poder, ya sea civil o eclesiástico, el forzar a los hombres a conformarse a ningún credo religiosos o formas de adoración, o pagar impuestos por ninguna forma de organización religiosa en la cual ellos no creen. Libertad de adoración".

En esencia, los contrastes bautistas respecto a la libertad religiosa suelen estar circunscritas a la siguiente lista, cual las concibió el doctor **Trutt**:

- Un compromiso a la libertad religiosa para todos.
- La libertad de conciencia, a veces llamada "competencia del alma".[75]
- La defensa de la libertad de conciencia protege la libertad del evangelio de ser mandado, creído y encarnado por las presentes y futuras gentes del evangelio.

---

[75] La libertad de conciencia a competencia del alma es la creencia de que cada persona está sujeta a sus convicciones religiosas y ha de dar cuenta a Dios por tales convicciones.

SUMARIO DE "DOCTRINA CRISTIANA ORTODOXA"

- La libertad de conciencia tiene su fundamento en el *imago Dei*.
- La libertad de conciencia no significa que todas las opiniones son igualmente válidas o que seamos en ninguna manera competentes para nuestra salvación.

El doctor **Stan Norman** nos ofrece cuatro cualificaciones sobre esta doctrina de la competencia del alma, de tal suerte que no fallemos al individualismo:

1. La competencia del alma en religión es una "competencia bajo Dios" en vez de la autosuficiencia humana o la autonomía personal absoluta.
2. La competencia del alma afirma una habilidad para conocer a Dios, en vez de revelación específica sobre Dios.
3. La competencia del alma no usurpa la autoridad bíblica, sino que está en sumisión a la Palabra de Dios.
4. La competencia del alma no ignora el efecto noético del pecado, sino que argumenta que la humanidad tiene conocimiento innato de Dios, aun cuando este es imperfecto.

    a) Los bautistas hemos argumentado históricamente que el mejor camino para preservar la libertad de conciencia es promover formalmente la separación entre la iglesia y el estado.
    b) Los bautistas hemos defendido –a veces hasta el punto de la persecución y la muerte, la libertad religiosa total de todas las personas y la separación de la iglesia y el estado.
    c) La separación de la iglesia y el estado no implica la separación de los cristianos de otros religiosos y del cuadro político.

La iglesia ahora es un reino espiritual, no político. Será político, pero no lo es en esta dispensación. El estado no debe imponer religión a nadie. El estado debe guardar la integridad de sus ciudadanos, pero no debe forzar a las conciencias en materia de religión. No deberíamos estar interesados en buscar ayuda en los estados para poder hacer nuestra tarea evangelizadora.

La iglesia *quad* iglesia colectivamente debe equilibrar su responsabilidad para hablar proféticamente ante la esfera pública, pero guardar la iglesia como una institución religiosa, no política. La iglesia debe tener la habilidad de decirle a la cultura: "así dice el Señor".

No estamos hablando de no participar como personas creyentes en la esfera política, sino de no hacerlo a título de la iglesia. Nuestro negocio es "el evangelio". Aunque aboguemos contra ciertas decisiones políticas, que esto sea en *pro* del evangelio. Nuestra procura ha de ser:

> "Hablemos en toda la esfera de la vida, desde la concepción hasta la muerte, en favor de los desvalidos, huérfanos, viudas, etc".[76]

Debemos procurar que la cultura sea moldeada por el evangelio. Esto solo puede suceder cuando nos paramos por el evangelio, no como políticos. No somos y nunca deberíamos ser simplemente otro partido político u otra comisión política. Nosotros somos la Iglesia del Señor.

Sobre esto comentó el doctor **Nathan Finn** así:

> "Ojalá y cristianos llamados a servir aspiren a la presidencia. Los cristianos debemos votar responsablemente".

---

[76] Ver "Fe y mensaje Bautista" sobre "la iglesia y la cultura".

UN SUMARIO DE LA DISCIPLINA DE LA IGLESIA

ASOCIACIÓN DE CHARLESTON

UN SUMARIO DE LA DISCIPLINA DE LA IGLESIA. UNA OBSERVACIÓN DE LAS CUALIFICCIONES Y DEBERES QUE DEBEN TENER LOS OFICIALES Y MIEMBROS DE UNA IGLESIA DEL EVANGELIO.
POR LA ASOCIACIÓN BAUTISTA DE CHARLESTON, CAROLINA DEL SUR, EE.UU.

Por esta causa te dejé en Creta, para que corrigieses lo deficiente, y establecieses ancianos en cada ciudad, así como yo te mandé. (Tito 1.5)

Mira, haz todas las cosas conforme al modelo que se te ha mostrado en el monte.
(Hebreos 8.5b)

CHARLESTON

PRINTED BY DAVID BRUCE
MDCCLXXIV

[Una traducción libre del escritor de este libro]

PREFACIO

El siguiente Resumen de Disciplina de la Iglesia, diseñado principalmente para el beneficio de los pobres y los humildes, se contrae en un compás muy estrecho y se exhibe en el lenguaje más sencillo. Esto, con cualquier defecto que tenga, requerirá la franqueza de los más sabios e inteligentes.

El motivo principal para realizar en este trabajo ha sido eliminar, en la medida de lo posible, la ignorancia de muchos miembros de la iglesia acerca de la disciplina.

No queremos imponer nuestros sentimientos a ninguna persona, ni anatematizar a quienes difieren de nosotros en opinión. La Palabra de Dios, y no la composición humana, es el estándar por el cual se deben probar tanto nuestros principios como nuestra conducta.

Sin embargo, esperamos que esta pequeña parte pueda ser de alguna utilidad para la correcta comprensión de la Palabra de Dios con respecto a los puntos tratados; y deseamos que las Escrituras a las que se hace referencia puedan ser consultadas cuidadosamente, para ver si estas cosas son ciertas.

Algunos podrían decir: "No hay convocatoria para esta publicación, ya que existe un tratado tan valioso sobre la disciplina de la iglesia, publicado hace algunos años por la Asociación de Filadelfia".

No queremos despreciar el valor de esa pieza; ha merecido mucho de las iglesias bautistas; pero dejó de imprimirse, y entendemos, no tan explícita como esto; además de algunas cosas en el mismo nos parecen excepcionales. Sin embargo, hemos tomado prestados muchos consejos de ella; y estamos muy en deuda con el Dr. Gill,

SUMARIO DE "DOCTRINA CRISTIANA ORTODOXA"

sabio, piadoso y juicioso, por lo que se toma de su "Exposición y Cuerpo de Divinidad".

Que el Gran Jefe de la Iglesia bendiga este débil intento de promover su honor y el bienestar de las iglesias.

CAPÍTULO I
De una Iglesia del Evangelio Verdadera y Ordenada

1. DIOS *en todas las edades ha tenido, tiene y tendrá una iglesia o gente en el mundo, que consiste en un número mayor o menor, y que subsiste bajo varias formas y en diversas circunstancias.* (Hechos 7.38; Efesios 3.21).

La iglesia católica o universal, considerada colectivamente, forma un cuerpo completo y glorioso (Cantares 6.9), llamado cuerpo místico de Cristo, del cual Él es la cabeza (Colosenses 1.18; Efesios 1.22). Esta es la asamblea general y la iglesia de los primogénitos que están escritas en el cielo (Hebreos 12.23).

Bajo la dispensación del Antiguo Testamento, la iglesia estaba bastante limitada a la familia o la nación; pero bajo la presente administración, Cristo reúne para sí un pueblo de todas las naciones (Mateo 28.19, 20). Y estando así reunidos, por el poder de Cristo en el evangelio, se convierte en su deber de unirse en distintas iglesias (Hechos 2.41, 47), para que puedan caminar juntos, en todos los santos mandamientos y ordenanzas del Señor. Por lo tanto, encontramos que bajo el evangelio, las iglesias se establecieron donde había un número suficiente de conversos para ese propósito (Apocalipsis 2 y 3).

Una iglesia del evangelio en particular consiste en una compañía de santos incorporados por un pacto especial en un cuerpo distinto, y reunidos en un solo lugar, para el disfrute de la comunión entre ellos y con Cristo como su cabeza en todas sus instituciones, para su edificación mutua y para la gloria de Dios por el Espíritu. (2 Corintios 8. 5; Hechos 2.1).

SUMARIO DE "DOCTRINA CRISTIANA ORTODOXA"

2. *El templo del Señor no debe construirse con materiales muertos sino vivos (1 Pedro 2.5). Nadie tiene derecho de ser miembro de la iglesia, sino aquel a quien Cristo considere como su sincero seguidor en el día final decisivo, sin importar las pretensiones que tal persona pueda tener de interés por Él Señor (Mateo 7.22, 23). Excepto que un hombre nazca de nuevo, no tiene derecho a entrar en el reino de Dios, o en una iglesia del evangelio (Juan 3.3). Cristo es una Cabeza viva y no tendrá más que miembros vivos en su cuerpo místico (Juan 15.6).*

3. *La constitución de las iglesias se plenamente supuesta (Hechos 2.47; Mateo 18.17, etc.), y es necesario, para que los discípulos de Cristo puedan disfrutar de la ordenanza de la Cena del Señor, que es una ordenanza de la iglesia, que los discípulos del Señor se vigilen los unos a los otros, adviertan a los que andan sin ley y establezcan censuras sobre los desordenados e impenitentes.*

Las Escrituras no determinan absolutamente la cantidad de personas necesarias para constituir una iglesia; pero como nuestro Señor ha dicho, *donde dos o tres se reúnen en mi nombre, allí estoy yo en medio de ellos* (Mateo 18.20), debería parecer que esa cantidad de personas piadosas podrían, al menos en algunos casos urgentes, formar una iglesia esencial, aunque no una iglesia completa o debidamente organizada, por falta de oficiales. La experiencia ha demostrado que a veces a estos pequeños comienzos les ha seguido un gran aumento, consistente con esa promesa alentadora de Isaías 60.22: *el pequeño vendrá a ser mil, y el menor una nación fuerte.*

Una iglesia del evangelio no es nacional, sino congregacional. Este fue evidentemente el caso en la era apostólica; por lo que, Pablo envió una epístola general a las varias iglesias en Galacia (Gálatas

Un Sumario de la Disciplina en la Iglesia

1.1, 2), y nuestro Señor mismo ordenó que se escribieran epístolas a las siete iglesias de Asia (Apocalipsis 2 y 3).

Con respecto a la manera de edificar una iglesia, debe ser por el consentimiento y el deseo de las partes interesadas; y será conveniente llamar a un ministro o a más de uno, si se tienen, para ayudar en esa importante ocasión. Tales fiestas han de organizarse bajo ayuno, y la solemne ocasión debe iniciar con ferviente oración a Dios (Filipenses 4.6); Luego se debe predicar un sermón adecuado a la ocasión; y después, para la satisfacción mutua de cada individuo, se debe hacer una investigación estricta de la experiencia de una obra de gracia en los corazones de tales personas, de la salud de los tales en las doctrinas de la fe y de la bondad de sus vidas y conversaciones; a menos que, como miembros de otras iglesias, vengan honradamente recomendados para ese propósito. Estando así satisfechos con las gracias y cualidades de cada uno, y unidos en el vínculo de amor, deben entregarse al Señor y entre sí por la voluntad de Dios (2 Corintios 8.5), al suscribir un pacto escrito consistente con la Palabra de Dios (Isaías 44.5), comprometiéndose y obligándose a sí mismos a ser del Señor, a caminar en todos sus mandamientos y ordenanzas, y en todos los aspectos a comportarse entre sí como hermanos, de acuerdo al compañerismo espiritual al que ahora entran.

Al estar así unidos en un cuerpo, bajo Cristo como su cabeza, se convierten y se consideran una iglesia esencial, fundada acorde al plan del evangelio. En lo adelante deben ratificar su compromiso mediante la participación de la cena del Señor, y así concluir dicha solemnidad.

> 4. *Una iglesia así constituida tiene las llaves, o poder de gobierno, dentro de sí misma, teniendo a Cristo por su*

SUMARIO DE "DOCTRINA CRISTIANA ORTODOXA"

cabeza y Su ley por su gobierno. Tiene el poder y el privilegio de elegir a sus propios oficiales (Hechos 6.3; 13.2), ejercitando su propia disciplina (Mateo 18.17), y de administrar la Palabra y las ordenanzas, para la edificación y la comodidad de sus miembros (Hechos 2.46). Todo lo cual, junto a los demás actos disciplinarios, cada iglesia particular puede ejercer, sin estar sujeto al conocimiento de ninguna otra iglesia, presbiterio, sínodo o concilio cual sea. (1 Corintios 5.12; Mateo 18.17).

Las iglesias dotadas de tal poder deben usarlo con prudencia para no deshonrar a Cristo y Su causa o herir a sus compañeros (1 Corintios 10.31; Romanos 15.2). Para protegerse contra eso, los asuntos de la iglesia deberían debatirse deliberadamente con humildad y moderación; que, si es posible, los miembros pueden estar unánimes en todas sus determinaciones. Sin embargo, cuando esta unanimidad no se puede lograr, la mayoría de los miembros masculinos puede determinar, y la minoría debe presentar pacificidad. Esto aparece no solo en esa regla general (Efesios 5.21), *sometiéndose el uno al otro en el temor de Dios*; Pero más claramente a partir de 2 Corintios 2.6, *suficiente para tal hombre ha sido este castigo, que fue infligido por muchos*: lo que muchos supone una mayoría; en el original es: *hupo ton pleionon* (por los más, la mayor o más grande parte). Lo que claramente señala una decisión tomada por la mayoría.

Los miembros femeninos pueden, cuando se les pide, actuar como testigos en una iglesia; y cuando están agraviados, deben dar a conocer su caso, ya sea en persona o por un hermano; y debe tener un respeto propio retribuido a ellos. Pero están excluidos de toda participación de dirección o gobierno en la iglesia. (1 Corintios 14.34, 35; 1 Timoteo 2.11, 12).

CAPÍTULO II
De los oficiales de la iglesia

Los oficiales ordinarios de la iglesia, y los únicos que existen ahora, son ministros y diáconos (Filipenses 1.1). En las primeras iglesias del evangelio había otros oficiales como apóstoles, profetas y evangelistas (1 Corintios 12.28; Efesios 4.11), que fueron dotados con extraordinarios dones, que luego fueron necesarios para la confirmación del evangelio, pero que desde entonces se han extinguido.

> 1. *Los ministros del evangelio, que con frecuencia se llaman ancianos, obispos, pastores y maestros, son nombrados por Cristo para el cargo más alto en la iglesia y, por lo tanto, necesitan calificaciones peculiares, como se señala (1 Timoteo 3.2-7 y Tito 1.5-10).*

Como tienen la responsabilidad de las almas y son líderes en la casa de Dios, las iglesias no pueden ser demasiado cuidadosas al elegir a los hombres para la función ministerial. Deben ser hombres temerosos de Dios, nacidos de nuevo del Espíritu, sanos en la fe, y de vidas y conversaciones irreprensibles, como lo contiene el evangelio de Cristo, con fervientes deseos de glorificar a Dios y salvar almas (Juan 3.10; 2 Timoteo 1.13; 1 Timoteo 3.2; Romanos 9.3; 10.1).

Una iglesia que no tenga un ministro debe buscar entre sus propios miembros y ver si hay alguien que parezca tener dones y gracias prometedores para esa gran obra. Si se encuentra a alguien así, se lo someterá a un juicio privado por una temporada; cuando lo encuentran prometedor, y que son edificados por su predicación, pueden llamarle a predicar en público. Después de lo cual, si parece que su vara, como la de Aarón, brota, florece y fructifica, debe ser separado por ordenación, para que pueda realizar cada parte de la función sagrada (Hechos 13.2, 3). Pero si no se encuentra a esa persona en la iglesia, es deber de una iglesia hermana, si es posible, proporcionarlos. Y si una persona que es miembro de otra iglesia es aprobada y está dispuesta a aceptar un llamado de ellos, primero debe ser miembro con ellos, para que puedan elegirlo entre ellos (vea Hechos 1.21). Así fueron elegidos los diáconos (Hechos 6.3).

Una vez que el candidato haya aceptado el llamado de la iglesia, procederán a su ordenación, que debe hacerse de la siguiente manera, a saber: Si no hay un presbiterio suficiente en la iglesia, los ancianos vecinos deben ser llamados y autorizados para realizar ese servicio. Ese día ha de distinguirse por el ayuno y la oración (Hechos 13.2, 3; 14.23). Los ancianos [ministros] están satisfechos con respecto a los dones, gracias, solidez de los principios y habiendo llegado a ser la vida y conversación del candidato; cuando se reúna a la iglesia, y dando su sufragio por su ordenación, se debe predicar un sermón para la ocasión, y él declara su disposición y su llamado interno a asumir el oficio sagrado (1 Corintios 9.16). Se requerirá una confesión pública de su fe, luego los ministros ponen sus manos sobre su cabeza y, mediante la oración, lo apartan para la gran obra del ministerio. Hecho esto, le dan la mano derecha de la comunión (Gálatas 2.9), y luego uno de los ministros públicamente le da el encargo o las directrices sobre cómo comportarse en la casa de Dios (2 Timoteo 4.5). La solemnidad concluye con una oración, un canto y una bendición para toda la congregación.

Un ministro, al ser ordenado, tiene autoridad de Cristo para predicar el evangelio y bautizar a los creyentes en cualquier parte del mundo donde Dios, en su providencia, pueda llamarlo. Pero si se le debe llamar y aceptar el cargo pastoral de alguna iglesia en particular, estará más inmediatamente limitado a ellos y ellos a él (1 Pedro 5.1-3).

Un Sumario de la Disciplina en la Iglesia

Las personas así encargadas deben asistir a su trabajo con todo el compromiso posible, ya que se convierten en aquellos que tienen la carga de las almas. Deben entregarse al estudio, la oración y la meditación (1 Timoteo 4.14-16), para que sean obreros que no tengan de que avergonzarse (2 Timoteo 2.15). Deben ser prestos a tiempo y fuera de ocasión, predicando las doctrinas puras del evangelio (2 Timoteo 1.13; 4.2). Deben alimentar el rebaño del Señor con el pan espiritual (Hechos 20.28), para predicar con el fin de llevar almas a Cristo, y no por el bien del honor o el lucro inmundo. No deben enseñorearse sobre la herencia de Dios, sino ser pacientes y tiernos (1 Pedro 5.3; 2 Timoteo 2.24, 25). Deben velar por el rebaño, consolar a los débiles (1 Tesalonicenses 5.14), hacer sonar la alarma contra los malvados y obstinados (Ezequiel 3.17, 18); y poner sus rostros como rocas contra la blasfemia y todo vicio.

Con frecuencia deben visitar el rebaño comprometido a su cargo, para conocer el estado de sus almas, para poder hablarles palabras a tiempo, catequizar a los jóvenes, instruir al ignorante y orar con y por ellos. De forma especial han de visitar a los enfermos y a los que están en aflicción (Ezequiel 34.4).

Deben administrar las ordenanzas del evangelio en estricta conformidad con la Palabra de Dios (Hebreos 8.5), para presidir los asuntos de la iglesia, y ver que la disciplina estricta sea debidamente llevada a cabo allí (Hebreos 13: 7, 17). En una palabra, deben ser ejemplos para el rebaño, en palabra, en conversación, en caridad, en espíritu, en fe y en pureza (1 Timoteo 4.12).

> 2. *Como el deber de los ministros más particularmente es dedicarse a la oración y al ministerio de la Palabra, Dios ha designado oficiales para ser empleados en los servicios inferiores de la iglesia, a saber, diáconos, cuyas calificaciones se señalan en Hechos 6.3 y 1 Timoteo 3: 8-13.*

SUMARIO DE "DOCTRINA CRISTIANA ORTODOXA"

Los diáconos también deben ser elegidos por el sufragio de la iglesia entre sus propios miembros, y, una vez comprobados, deben ser separados para ese cargo mediante la oración y la imposición de manos (Hechos 6.2-6). El oficio de un diácono es relevar al ministro de las preocupaciones seculares de la iglesia; por eso se llaman Ayudas (1 Corintios 12.28). Su negocio es servir mesas; "La mesa del Señor, proveyendo el pan y el vino para ella; recibiendo ambos del ministro, cuando bendecido, y distribuyéndolos a los miembros; y recogiendo ofrendas de ellos para los pobres, sin defraudar su puesto; y observando qué miembros faltan en la ordenanza, a quienes deben amonestar; y si no se tienen en cuenta sus advertencias, informarlo a la iglesia: y ellos también deben servir en la mesa del ministro, cuidando que él tenga la competencia suficiente para su apoyo; y les pertenece animar a los miembros de la iglesia a su deber de comunicarse con él; y lo que reciban de ellos, deben aplicarse a su uso; y también, deben servir a la mesa de los pobres; a quienes deben distribuir las existencias de la iglesia, con toda imparcialidad, sencillez, alegría y simpatía", (escribió el Dr. Gill sobre Hechos 6.2). Por el desempeño fiel de su oficio, ganarán para sí mismos un grado honroso y gran audacia en la fe (1 Timoteo 3.13).

CAPÍTULO III
De recibir personas a la membresía de la iglesia

UNA IGLESIA fundada en el plan de las Escrituras debe observar un buen orden, como en todos los demás casos, también en la admisión de miembros en su comunidad.

1. *Toda sociedad bien regulada requiere calificaciones en sus miembros; mucho más debería una iglesia de Jesucristo tener cuidado de que nadie sea admitido en su comunión, sino aquellos que posean los requisitos previos señalados en las Escrituras.*

Deben ser personas verdaderamente amables. Nadie encaja apropiadamente en una iglesia del evangelio, hasta no haber experimentado primero un cambio completo de naturaleza, Mateo 18.3: *"En verdad, en verdad les digo, que a menos que se conviertan y se conviertan en niñitos, no entrarán en el reino de los cielos"*. Por lo cual, esa es la intención clara de una iglesia del evangelio, como claramente muestra el contexto. Para el mismo propósito está dado Juan 3.5. La iglesia de Cristo es una casa espiritual, construida con piedras vivas, es decir, de almas vivas (1 Pedro 2.5). Por naturaleza estamos muertos en delitos y pecados, y Cristo no coloca tales cosas muertas en su edificio espiritual. Es cierto que la iglesia de Éfeso no estaba compuesta de tales cosas muertas (Efesios 2.1). Los miembros de la iglesia en Roma fueron los llamados de Jesucristo (Romanos 1.6), llamados de las tinieblas a la luz maravillosa del Señor (1 Pedro 2.9), llamados a ser santos (Romanos 1.7), como lo eran los miembros de la iglesia en Corinto (1 Corintios 1.2), y las iglesias en general se llaman iglesias de los santos (1 Corintios 14.33). Los miembros de la iglesia en Colosas se denominan no solo santos, sino hermanos fieles en Cristo (Colosenses 1.2), o verdaderos creyentes en él. Solo

SUMARIO DE "DOCTRINA CRISTIANA ORTODOXA"

los tales tienen derecho a las ordenanzas (Hechos 8.37). Sin fe, nadie discierne el cuerpo del Señor en la Cena y, por consiguiente, comerán y beberán indignamente (1 Corintios 11.29). Ciertamente sin fe es imposible agradar a Dios (Hebreos 11.6).

La Iglesia de Inglaterra, en sus Artículos, define una iglesia del evangelio como "una congregación de hombres fieles, en la cual se predica la palabra pura de Dios, y los sacramentos debidamente administrados". De tales "hombres fieles" o creyentes en Cristo estaba compuesta la primera iglesia de Jerusalén (Hechos 2.41; 5.14). Aquellos a quienes el Señor agrega a la iglesia son los que deben ser salvados (Hechos 2.47). Que aquellos que hacen de la iglesia de Cristo una ramera, abran la puerta de admisión tan amplia como para que sufraguen personas incrédulas, inconversas y sin gracia, que se amontonen sin control.

Deben ser personas de algún conocimiento competente de cosas divinas y espirituales; quienes no solo tienen conocimiento de sí mismos, y de su estado perdido por naturaleza, y del camino de salvación por Cristo; pero tienen cierto grado de conocimiento de Dios en su naturaleza, perfecciones y obras; y de Cristo en su persona como el Hijo de Dios, de su propia deidad, de su encarnación, de sus oficios como profeta, sacerdote y rey; de la justificación por su justicia, del perdón de su sangre, de la satisfacción de su sacrificio y de su intercesión predominante. Y también del Espíritu de Dios: su persona, oficios y operaciones; y de las verdades importantes del evangelio, y las doctrinas de la gracia; ¿O de qué otra manera debería la iglesia ser el pilar y la base de la verdad? Sus vidas y conversaciones deben ser tales como las del evangelio de Cristo (Filipenses 1.27); eso es santo, justo y recto (Salmo 15.1, 2); si su práctica contradice su profesión, no deben ser admitidos como miembros de la iglesia. La santidad conviene por siempre en la casa del Señor (Salmo 93.5).

Un Sumario de la Disciplina en la Iglesia

Deben ser verdaderamente bautizados en agua, es decir, por inmersión, en una profesión de su fe, de acuerdo con la práctica antigua de Juan el Bautista y los apóstoles de nuestro Señor Jesucristo (Mateo 3.6, Juan 3.23; Romanos 6.4; Hechos 8.36-38). Es entendido por todos que el bautismo es esencial para la comunión de la iglesia y debe precederlo; no hay una instancia en la Palabra de Dios de ningún ser admitido sin ella; los tres mil penitentes, después de haber recibido con gusto la Palabra, fueron bautizados; y luego, y no antes, se agregaron a la iglesia; así mismo, la primera iglesia en Samaria estaba constituida por hombres y mujeres bautizados por Felipe, que creían lo que decía acerca del reino de Dios. Lidia y su familia, y el carcelero y los suyos, al ser bautizados por su fe, sentaron las bases de la iglesia en Filipos. La iglesia en Corinto se inició con personas que escuchaban la Palabra, creían y se bautizaban; y la iglesia en Éfeso fue formada primero por algunos discípulos bautizados en el nombre del Señor Jesús (Hechos 2.41; 8.12; 16.15, 31-33; 18.8; 19.5). Así también, los miembros de las iglesias en Roma, Galacia y Colosas fueron bautizados (Romanos 6.3, 4; Gálatas 3.27; Colosenses 2.12).

> 2. *Las personas que hacen la solicitud deben ser admitidas en la comunión de una iglesia por el sufragio común de sus miembros; quedándose primero convencido de que tienen las calificaciones establecidas en la sección anterior; para lo cual los candidatos deben ser examinados ante la iglesia; y si sucede que no dan satisfacción, deben dejarse de lado hasta que se haga una profesión más satisfactoria (1 Timoteo 6.12).*

Puede ser que uno o dos de los miembros de la iglesia hayan concebido un prejuicio contra una persona que solicita la membresía; en este caso, deben ser debidamente escuchados y, si sus objeciones tienen el peso suficiente, el candidato debe ser dejado de lado; si no,

SUMARIO DE "DOCTRINA CRISTIANA ORTODOXA"

la mayoría de las voces deberían, en toda razón, decidirlo. Cuando la iglesia concluya que la persona que solicita la membresía puede ser admitida, el ministro debe informarle las reglas y órdenes de la casa de Dios; y luego de su promesa, convenio y acuerdo estricto de observarlos, asistido por el Espíritu de Dios, el ministro, en nombre de la iglesia, debe darle la mano derecha de la comunión y recibirlo como miembro de la unión y plena comunión con esa iglesia particular; por lo cual él tiene derecho a todos los derechos y privilegios de los mismos (Colosenses 2.19; Romanos 15.7; 2 Corintios 8.5).

Si un miembro desea una comunión transitoria u ocasional en una iglesia a la que no pertenece, si se sabe que es una persona ordenada, puede ser admitido a la mesa del Señor; pero no debe tener nada que ver con el gobierno de la iglesia, a menos que se le pida consejo y asistencia. Pero una persona desconocida no debe ser admitida de ninguna manera sin una carta de recomendación de la iglesia a la cual pertenece.

Cuando un miembro retira su residencia más cercana a otra iglesia de la misma fe y orden, está obligado a procurar una carta de retiro de la iglesia a la que pertenece (Hechos 18.27). Y la iglesia a la que se lo remite está obligada en el deber de recibirlo en unión y en plena comunión, a menos que parezca que es inmoral en su vida o en sus principios. Pero, recuerde que continúa siendo miembro de su propia iglesia desde donde vino hasta que lo reciben en la iglesia a la que se mueve (Hechos 9.26-28). El deber de un creyente de darse a sí mismo como miembro de una iglesia ordenada más cercana a su lugar de residencia, o al que pueda asistir más convenientemente, se desprende de las siguientes consideraciones: (1) por el abandono de este deber, él se privará de la edificación, la comodidad, la instrucción amorosa, el cuidado vigilante y las advertencias fieles de sus compañeros; (2) daría lugar a sospechar que estaba impaciente por la restricción que todo miembro humilde considera su misericordia;

Un Sumario de la Disciplina en la Iglesia

(3) parece como si su objetivo fuera protegerse de las contribuciones necesarias o de la disciplina de la iglesia; (4) tal negligencia arroja un desprecio manifiesto sobre la iglesia y el ministerio cerca del cual reside; (5) si esta conducta se permitiera y se generalizara, causaría una gran confusión entre las iglesias; y como tal práctica no se puede adaptar a nadie más que a personas descuidadas y desordenadas, la iglesia a la que pertenecen debería amonestarles, y si persisten, entonces censurarles.

Las mismas razones son válidas para aquellos que requieren un retiro de la iglesia a la que pertenecen a una más remota. Si un miembro puede ser despedido, el otro también, e incluso los oficiales de la iglesia. Para despedir a un miembro del mundo en general, sería aún más absurdo, y nunca debería hacerse de otra manera que no sea por excomunión. La petición habitual para una solicitud tan irrazonable es que no pueden obtener ganancias bajo ese ministerio o que las preocupaciones de la iglesia no se manejan adecuadamente; pero la verdad es que el orgullo está generalmente en el fondo de tales deseos, porque un cristiano humilde estimará a los demás mejor que a sí mismo, soportará las debilidades de los débiles, y orará y esperará encontrar una bendición donde la Providencia eche su suerte.

A veces sucede que la Providencia llama a un miembro ordenado a remover, pero (como Abraham, Hebreos 11.8) no sabe dónde; en tal caso, la iglesia a la que pertenece debe proporcionarle una carta de recomendación, permitiéndole unirse a cualquier iglesia de la misma fe y orden, donde la Providencia puede echar su suerte (Colosenses 4.10). Al ser admitido en una de esas iglesias, se le despide de la iglesia en la que era miembro y se le debe dar aviso de ello tan pronto como sea posible.

Los miembros que han sido suspendidos o excomulgados por la iglesia y que dan evidencia satisfactoria de su arrepentimiento deben ser

SUMARIO DE "DOCTRINA CRISTIANA ORTODOXA"

advertidos contra los males de los que fueron culpables; y en su promesa, con la ayuda del Señor, de llevar vidas ordenadas para el futuro, deben ser recibidos nuevamente en plena comunión con la iglesia y tener la mano derecha de la comunión que se les ha dado (Gálatas 6.1, 2; 2 Corintios 2.7, 8), pero no están en ninguna deber de ser bautizados.

Un Sumario de la Disciplina en la Iglesia

CAPÍTULO IV
De los deberes que incumben a los miembros de la Iglesia

UNA IGLESIA constituida según el modelo celestial es como una ciudad asentada en una colina, desde donde brillan abundantemente las glorias de la gracia rica y libre (Salmo 50.2). Los verdaderos miembros tienen la luz del evangelio que brilla en sus corazones, por el Espíritu Santo, y tienen derecho a todas las bendiciones del nuevo pacto (Efesios 1.3). Y siendo así bendecidos, su fe es una fe viva y activa, no solo purificando sus corazones, sino trabajando por amor (Gálatas 5.6), por lo que se convierten en la luz del mundo (Mateo 5.14–16), que se manifiestan mediante un fiel cumplimiento de los deberes que les encomendó el Señor Jesucristo, el gran Jefe de la iglesia (Santiago 2.18).

> 1. *Como los ministros son los representantes de Cristo, y empleados por él en una obra que es útil y honorable, hay ciertos deberes que incumben a todos los miembros de las iglesias hacia ellos. Como: (1) les deben distinguir honor y reverencia, y deben mantenerlos en reputación de embajadores de Cristo (Filipenses 2.29; 2 Corintios 5.20), y para estimarles altamente por su trabajo (1 Tesalonicenses 5.13); (2) Deben contribuir, de acuerdo con sus respectivas habilidades, hacia el apoyo de sus ministros (Gálatas 6.6), para ser liberados en la medida de lo posible de los cuidados de la vida, pueden dedicarse por completo a los deberes de su función santa, y tener el poder de usar la hospitalidad (1 Timoteo 3.2), y extender la benevolente mano de la caridad a los pobres en peligro (Gálatas 2.10), cuyo mantenimiento no debe considerarse como una propina, sino como una deuda con su ministro. La ley de la naturaleza lo*

SUMARIO DE "DOCTRINA CRISTIANA ORTODOXA"

requiere (1 Timoteo 5.18). En las ofrendas del Señor a Israel siempre hubo una reserva para los sacerdotes; bajo el evangelio, se hacen provisiones para el apoyo de sus ministros (1 Corintios 9.7-14); (3) Deben obedecer y someterse a sus ministros (Efesios 6.18-20); (4) Deben estar a su lado y ayudarlos en todos sus problemas y aflicciones (2 Timoteo 4.16; Job 6.14); (5) No deben recibir ninguna acusación contra ellos sin prueba completa (1 Timoteo 5.19); (6) Tampoco deben exponer sus enfermedades (Hechos 23.5, 3; Juan 10); (7) Deben seguir su ejemplo, en la medida en que sigan a Cristo (2 Tesalonicenses 3.7; 1 Corintios 11.1).

2. Los diáconos ocupan un cargo honorable en la iglesia, por lo que los miembros están mandados a: (1) respetarlos y estimarlos como empleados por el Señor para servir en la casa de la fe, y como hombres a quienes (si son fieles) Dios honrará y bendecirá grandemente (1 Timoteo 3.13; Mateo 25.21); (2) para someterse a sus amonestaciones piadosas y amistosas (1 Corintios 16.16); (3) para alentarlos en su oficio con contribuciones alegres y libres para el servicio de la casa de Dios, sus ministros y sus pobres (2 Corintios 9.6, 7).

3. Los miembros de una iglesia están obligados: (1) a amar a todos los hombres, pero especialmente a amar y hacer el bien a aquellos que son de la familia de la fe, Gal. 6: 10, todo debe hacerse desde un principio de amor (1 Juan 4.7-11; Juan 13.3, 4, 35); (2) seguir las cosas que hacen la paz (Romanos 14.19), para lo cual deben poner las más favorables palabras y acciones debidas (1 Corintios 13. 7), y no hablar mal unos de otros (Santiago 4.11), y esforzarse, mediante un comportamiento desinteresado y piadoso, para sembrar el fruto de la justicia en paz (Santiago 3.18), evitando cuidadosamente los susurros y las caricias (2

SUMARIO DE "DOCTRINA CRISTIANA ORTODOXA"

Corintios 12.20), para no estar ocupados ni entrometidos en los asuntos de los demás (2 Tesalonicenses 3.11), para no tomar un informe malo contra otro (Hechos 25.16), ni hacer nada por contiendas ni por vana gloria (Filipenses 2.3); (3) esforzarse después de la edificación y el crecimiento en gracia de cada uno (1 Tesalonicenses 5.11; 2 Pedro 3.18); (4) orar el uno por el otro (Santiago 5.16); (5) visitarse los unos a otros, especialmente cuando están enfermos o afligidos (Hechos 15.36; Santiago 1.27), y esas visitas deben ser mejoradas para la edificación, por lo tanto, deben pasar el tiempo orando juntos (Salmo 34.3), en una conversación piadosa (Malaquías 3.16), al exhortarse y animarse mutuamente (Hebreos 3.13; Salmo 55.14), amonestándose unos a otros (1 Tesalonicenses 5.14; Romanos 15.14), confesándose ingenuamente sus faltas entre sí, en la medida en que la prudencia cristiana lo permita (Santiago 5.16), y administrando todo el alivio posible a los necesitados y angustiados (Santiago 2.15, 16); (6) para evitar, en la medida de lo posible, ir a la justicia entre hermanos (1 Corintios 6.1-7); (7) preferir casarse entre ellos en la medida en que pueda hacerse con prudencia (Amós 3.3, 2; Corintios 6.14), (8) y trabajar para descubrir la causa de la timidez en un hermano, tan pronto como sea descubierto (Mateo 5.23, 24).

4. *Los deberes de los miembros de la iglesia son: (1) orar por su paz y prosperidad, y hacer todo lo posible para promover su bienestar (Salmo 122.6–9); (2) deben asistir cuidadosamente a todas las reuniones de la iglesia, ya sea para el culto público o los negocios (Hebreos 10.25; Salmo 84.4, 10); (3) es su deber someterse al orden y la disciplina de la iglesia, en la medida en que sea consistente con la Palabra de Dios (Deuteronomio 5.1; Hebreos 13.17); (4) deben emplear sus talentos y otorgar libremente su sustancia para*

SUMARIO DE "DOCTRINA CRISTIANA ORTODOXA"

el servicio de la iglesia (Romanos 12.6-8; Proverbios 3. 9, 10); (5) deben evitar cuidadosamente las discordias, las contiendas y las peleas en la iglesia (1 Corintios 10.32: Romanos 2.8); (6) y no deben divulgar ninguno de los secretos de la iglesia (Cantares 4.12).

CAPÍTULO V
De las Censuras de la Iglesia

Las recompensas y los castigos son las sancionan de la ley; por lo tanto, nuestro Señor Jesucristo, que es la única Cabeza suprema de la iglesia, al dar leyes e instituciones para su gobierno, ha anexado recompensas de gracia a los fieles y obedientes observadores de ellas y los castigos que deben infligirse a los rebeldes (Hebreos 11.6; Romanos 2.6-9; Apocalipsis 22.12).

Hay algunos castigos que nuestro Justo Legislador inflige más inmediatamente con su propia mano, ya sea por su providencia en este mundo o por la ejecución de la ira divina en el mundo venidero. Hay otros castigos que Cristo, por su Palabra, autoriza a su iglesia a infligir a sus miembros rebeldes e indignos. Estos se llaman comúnmente censuras de la iglesia que difieren en su naturaleza de acuerdo con la naturaleza y el grado de la ofensa, y pueden denominarse **reproche, suspensión y excomunión**.

> 1. ***Reprender o amonestar** (el grado más sencillo de censura de la iglesia) es reprender a un ofensor, señalar el delito, poniendo dicha carga en su conciencia, aconsejándolo y exhortándolo a que se arrepienta, a la vigilancia y la obediencia, y mantenerse orando por su restauración (Tito 1.13). Esto, y todas las demás censuras de la iglesia, deben administrarse con amor y ternura (Apocalipsis 3.19), conforme a la prudencia cristiana (1 Timoteo 1.3), con un objetivo sincero de salvar el alma de la muerte (Santiago 5.19, 20; 2 Corintios 13.10; Gálatas 6.1), sin parcialidad (1 Timoteo 5.21), y para una advertencia a los demás (1 Timoteo 5.20).*

SUMARIO DE "DOCTRINA CRISTIANA ORTODOXA"

Un miembro se vuelve digno de reproche: (1) cuando hiere la conciencia de un hermano débil, por el uso de cosas en sí mismas indiferentes (1 Corintios 8.11, 12); (2) cuando expone las debilidades de un hermano a otros (1 Pedro 4.8); (3) cuando desespera la paz de los hermanos sobre asuntos de indiferencia (Romanos 14.19-22); (4) cuando se enoja contra un hermano, sin una causa justa (Mateo 5.22); (5) cuando es polémico acerca de las formas y modas no bíblicas, como si fueran necesarias para ser usadas en la iglesia o entre los miembros (1 Corintios 11.16); (6) cuando neglige en privado amonestar o reprender a un hermano de quien sabe que es culpable de pecado (Levíticos 19.17); (7) cuando se niega a asistir a reuniones de la iglesia por negocios (Hechos 6.2); (8) y cuando asiste a otros lugares de culto siendo negligente de los suyos (Hebreos 10.25).

> 2. *La suspensión*, *considerada como una censura de la iglesia, es el acto de una iglesia por el cual un miembro ofensor, al ser declarado culpable, es apartado del cargo, de la mesa del Señor y de la libertad de juzgar o votar en cualquier caso. Por este acto, se rompe la gracia del cayado del pacto, pero no las ataduras del pacto*[77] *(Zacarías 11.10, 14). Por lo tanto, como esta censura no aparta de la unión, sino solo de la comunión con la iglesia, el miembro suspendido no debe considerarse enemigo, sino amonestado como hermano (2 Tesalonicenses 3.15), y sobre una profesión creíble de arrepentimiento, la censura debe ser eliminada y el delincuente restaurado a todos los privilegios de la iglesia.*

Esta censura debe administrarse en el caso de delitos que no sean tan altos como para merecer la excomunión, como: (1) cuando un miembro rompe la paz de la iglesia por medio de acusaciones y

---

[77] En inglés: *the staff beauty is broken, but not the staff bands.*

Un Sumario de la Disciplina en la Iglesia

disputas (1 Timoteo 1.6; 6.5); (2) cuando se retira de la iglesia debido a su sana disciplina, a pesar de que se le han dado amonestaciones amorosas (Juan 6.66; Judas 19); (3) cuando deja su lugar en la mesa del Señor por el bien de otro miembro con el que está fuera, y se niega a cumplir con su deber según lo indicado (Mateo 18.15); (4) cuando aborda principios erróneos, heréticos (Tito 3.10); (5) cuando se dedica a chismes y palabras soeces (Salmo 50.19-21); (6) cuando, a través de la pereza, descuida los deberes necesarios de la vida (1 Timoteo 5.8); (7) cuando ha cometido un grave delito pero da algunas muestras de arrepentimiento, debe ser suspendido para que la iglesia tenga tiempo para juzgar su sinceridad (1 Juan 4.1); (8) y cuando un grupo de miembros, como Coré y su compañía, rompen sus obligaciones del pacto e intentan establecerse por sí mismos, de manera irregular y en oposición a todas las persuasiones amorosas de la mayoría, despreciando y aborreciendo lo bueno (2 Timoteo 3.3). En una palabra, todas las prácticas que, por su propia naturaleza y tendencia, destruyen la reputación, la paz y la prosperidad de la iglesia y, sin embargo, parecen no tener un remedio suficiente, merecen esta censura.

> 3. Como **la excomunión** está *"en todas las manos"*[78], se reconoce que es una ordenanza de Cristo, la gran Cabeza de la iglesia y una censura en su propia naturaleza, muy importante, terrible y tremenda, es sumamente necesario que las iglesias entiendan bien la naturaleza de eso.

La excomunión es una censura del más alto grado; es un acto judicial de la iglesia en el cual, por la autoridad de Cristo, ella corta y excluye por completo a un miembro indigno de la unión y la comunión con la iglesia, y de todos sus derechos y privilegios. "Es una

---

[78] No encontramos claridad en el significado de la expresión.

SUMARIO DE "DOCTRINA CRISTIANA ORTODOXA"

privación de todas las inmunidades de un conciudadano con los santos, quitándole un lugar y un nombre en la casa de Dios". (Dr. Gill)

Esta censura, por terrible que sea, respeta solo las preocupaciones espirituales de un hombre, en relación con la iglesia, y de ninguna manera afecta su estado temporal o asuntos civiles; no lo somete a multas, encarcelamiento o muerte; no interfiere con los asuntos del magistrado civil; ni se rompe en las relaciones naturales y civiles entre el hombre y la esposa, padres e hijos, amos y sirvientes; ni prohibir la asistencia al ministerio externo de la Palabra.

El acto de entregar un ofensor a Satanás para la destrucción de la carne (1 Corintios 5.5), fue un acto puramente apostólico, y no fue un acto de la iglesia: "Ni es esta una forma de excomunión; esta frase tampoco fue utilizada nunca en la excomunión de personas por las iglesias primitivas; ni debe ser usado nunca; es lo que ningún hombre, o grupo de hombres, tiene poder para hacer desde el cese de los extraordinarios dones del Espíritu, con los cuales los apóstoles fueron dotados; que, como tenían un poder sobre Satanás para expulsarlo de los cuerpos de los hombres, para entregar los cuerpos de los hombres en sus manos" (Dr. Gill sobre el texto). Por lo tanto, el apóstol que escribe a Timoteo sobre un caso similar, lo expresa como hecho por él mismo, y no por la iglesia (1 Timoteo 1.20).

El acto de excomunión se expresa mediante varias frases; como evitando la conversación familiar con tales (Romanos 16.17), al no hacer compañía con ellos (1 Corintios 5.9; Efesios 5.11), al no comer con ellos en la mesa del Señor (1 Corintios 5.11), sacando de la iglesia la levadura vieja (1 Corintios 5.7), apartando a los impíos de entre ellos (1 Corintios 5.13), retirándose de las personas desordenadas, y apartándolos de la comunión con los santos (2 Tesalonicenses 3.6; Gálatas 5.12).

Un Sumario de la Disciplina en la Iglesia

Los sujetos de esta ordenanza son los miembros culpables de delitos notorios y atroces, que lo son, ya sea en su propia naturaleza o por medio de diversos agravantes. Hay algunos crímenes tan altos y perniciosos en su propia naturaleza que exigen una rápida excomunión, a menos que las marcas más evidentes de arrepentimiento aparezcan en el ofensor, como: (1) todos los pecados que están en contra de la letra de los diez mandamientos (Romanos 7.12; Mateo 5.17); (2) todo lo que requiere castigos corporales severos de las leyes humanas, siempre que esas leyes no sean contrarias a las leyes de Dios (Proverbios 8.15; Romanos 13.1-4; 1 Pedro 2.13, 14); (3) y todos los pecados que son altamente escandalosos en su naturaleza y exponen a la iglesia al desprecio (1 Timoteo 5.24; 1 Corintios 5.2). Encontramos catálogos negros de pecados que exigen esta censura, en 1 Corintios 5.11 y 6.9-10. Y, de hecho, por crímenes de una naturaleza inferior, cuando se agrava por un desprecio contumaz [obstinadamente rebelde] de la autoridad de la iglesia (después de que se hayan utilizado las censuras más suaves), debe llevarse a cabo la excomunión.

Pero un delincuente, incluso del más alto rango, que da pruebas claras, evidentes y satisfactorias de un arrepentimiento verdadero, sincero y evangélico, no debe ser excomulgado de ninguna manera. ¿La razón no sugiere por sí misma que debemos perdonar a quienes se arrepienten y a quienes Dios ha perdonado? Cristo, nuestro gran modelo, lo hizo, como aparece en el caso de la mujer adulterada (Juan 8.11). Pedro también es un ejemplo de la disposición de Cristo para perdonar a los penitentes. Pedro era miembro de esa congregación en medio de la cual Cristo cantó alabanzas a su Padre (Salmo 22.22). Pedro cayó gravemente, negó a su Maestro con juramentos y maldiciones, ¡un crimen horrible! ¿Cristo lo cortó de inmediato? No, pero lo amonestaba con una mirada; el delincuente se arrepintió; el penitente fue perdonado. Que las iglesias sigan el ejemplo que Cristo les ha dado.

SUMARIO DE "DOCTRINA CRISTIANA ORTODOXA"

El acto de excomunión no puede ser realizado por un miembro en sí mismo; un tal, dijo el Dr. Gill, es un *felo de se*, él es, en efecto, un auto-asesino. Como el consentimiento es necesario para que una persona entre a la iglesia, ninguno puede salir de ella sin su consentimiento. Intentarlo es romper el pacto con la iglesia y, tanto como en un hombre se encuentra, representa romper la iglesia. Por la misma regla que un miembro puede dejar la iglesia, otro puede, el pastor puede, todos pueden; La tendencia de tal conducta, puede ser vista por todos que es confusión y destrucción. Por lo tanto, aquellos que son culpables de ello, deben ser vistos como personas que rompen las clases, personas orgullosas, arrogantes, peligrosas, y ser tratados como tales. Y deben ser evitados por todas las otras iglesias.

Ningún hombre tiene derecho de sí mismo a realizar esta censura; es un castigo infligido por muchos (2 Corintios 2.6). Pero, esta gran censura debe ser ejecutada "por los ancianos [ministros] de las iglesias, con el consentimiento de sus miembros; porque tienen el derecho de hacer esto, antes de tener ancianos, y cuando no tienen ninguno, como para recibir miembros, para expulsarlos. El poder de eso originalmente reside en la iglesia; la autoridad para ejecutarlo está en los ancianos, con el consentimiento y por orden de la iglesia; como testifican las instrucciones a las iglesias sobre este asunto". (Dr. Gill)

Para proceder regularmente en este asunto solemne, la iglesia debe citar a un miembro acusado para que se presente, ya sea en una reunión de negocios de la iglesia declarada, o en una reunión ocasional para ese propósito; para que pueda tener un juicio justo y la oportunidad de hacer su defensa si tiene algo que hacer. El encuentro se abre con oración de dirección; entonces el caso es examinado y juzgado imparcialmente por la Palabra de Dios; si el miembro acusado es declarado culpable de un crimen que merece la excomunión,

Un Sumario de la Disciplina en la Iglesia

no se lo debe suspender de inmediato (a menos que sea un caso extraordinario) sino que se le advierta, y se le conceda cierto tiempo para el arrepentimiento y para que la iglesia lo llore y ore por él. Si el agresor continúa obstinado y parece ser incorregible, la iglesia tiene la necesidad de proceder a la ejecución de la gran censura en su contra.

Si la ofensa es privada, la censura puede y, en algunos casos, debe establecerse solo ante la iglesia; pero si el crimen es público, y muy notorio, el honor de Cristo exige que la censura sea pública (1 Timoteo 5.20; Judas 15). En este caso, la iglesia designa el día y convoca al miembro culpable para que asista; el ministro adapta su sermón a la ocasión, después de lo cual ora a Dios para que bendiga la ordenanza que se administrará; y luego procede a resumir la sentencia de la iglesia; abre la odiosa naturaleza del crimen y la terrible carga de culpa que el pecado, con sus agravaciones, ha provocado al ofensor; toma nota del escándalo que ha provocado en la religión, lo deshonroso que es para Dios y lo agravante para la iglesia; observa que el acto de excomunión no está destinado a la destrucción del alma, sino que se usa como un último remedio para la recuperación del delincuente y como una advertencia para los demás. Luego, por la autoridad del Señor Jesucristo, y en nombre de esa iglesia, corta y recluye al ofensor por su nombre de la unión y la comunión con la iglesia; habiendo roto su pacto con ellos, también lo excluyeron de los privilegios de un miembro, como indigno; sin embargo, reza al Señor Jesucristo, que es el Buen Pastor, para restaurarlo al otorgarle un arrepentimiento sincero para que pueda ser recibido nuevamente en el rebaño de ovejas.

Si el miembro acusado debe negarse obstinadamente a comparecer ante la iglesia, cuando se cita como se menciona anteriormente, se debe considerar como un signo de culpabilidad, un desprecio a la

SUMARIO DE "DOCTRINA CRISTIANA ORTODOXA"

autoridad de la iglesia y un agravamiento de su crimen; y el proceso de la iglesia contra él, no debe ser obstruido debido a su ausencia.

Si sucediera, que el ministro de la iglesia es el delincuente o que la iglesia no tiene un ministro, en cualquiera de estos casos, deben llamar a uno de una iglesia hermana para ayudarlos en tal ocasión; ya que, como se ha observado anteriormente, la autoridad de ejecución esta censura (así como todas las otras ordenanzas en general) se encuentra en los ancianos.

Los fines que deben ser respondidos por esta ordenanza solemne, y a los que siempre debe apuntarse en la administración de la misma, son: (1) la gloria de Dios, que es su fin último, ya que su nombre es deshonrado por las prácticas malvadas o principios de los miembros de la iglesia, por lo que esta es la manera más abierta y efectiva de eliminar el deshonor que se le presenta; (2) otro fin es purgar la iglesia y preservarla de la infección, una pequeña levadura fermenta todo el cuerpo y, por lo tanto, la vieja levadura debe ser eliminada, para que la iglesia pueda convertirse en una nueva masa; Las comunicaciones malvadas corrompen los buenos modales, y por lo tanto, los hombres malvados deben ser apartados de entre los santos (1 Corintios 5.6, 7, 13). Los perseguidores debían ser sacados del campamento para no infectar a otros, y las personas errantes, cuyas palabras carcomen como gangrena, deben ser removidas de la comunión de las iglesias; (3) una iglesia de Cristo es como un jardín o viñedo, que, si no se cuida, como sucede cuando se descuida esta ordenanza de excomunión, será como el viñedo de los perezosos, lleno de espinas, ortigas, y otras malezas; pero por medio de esto se elimina la maleza de la **inmoralidad**, se erradicaron las raíces amargas de las **falsas doctrinas** y se marchitaron las ramas que se juntaron y arrojaron; (4) y el bien de las personas excomulgadas es otro fin que a veces se realiza con él, Dios bendice a su propia institución cuando se realiza correctamente, que es para la edificación y no para

Un Sumario de la Disciplina en la Iglesia

la destrucción; y por la salvación de las almas de los hombres que aquí son avergonzados y arrepentidos por sus pecados, en cuyo caso deben ser recibidos nuevamente con todo amor y ternura y ser consolados para que no sean absorbidos con demasiado dolor (Judas 23; 2 Tesalonicenses 3.14; 15; 2 Corintios 2.7).

SUMARIO DE "DOCTRINA CRISTIANA ORTODOXA"

CAPÍTULO VI
De la Asociación de las Iglesias

COMO la comunión de los santos, la comunión de las iglesias es una bendición deseable. Se procura obtener y promover cuál debe ser el estudio y el esfuerzo de todo el pueblo de Dios, aunque las iglesias formadas en el plan del evangelio son independientes entre sí con respecto al poder de decisión, sin embargo, no lo son, estrictamente hablando, con respecto a la comunión.

Porque como los santos en general tienen un derecho indiscutible a compartir los dones y gracias con los demás, también las iglesias tienen esta capacidad conjunta. Es una regla general, hacer el bien y comunicarse para no olvidar aquello que es aplicable de una manera particular a las iglesias como tales (Hebreos 13.16).

Con el fin de obtener esta bendición de comunión más ampliamente, debe haber una comunión o unión de varias iglesias en un solo cuerpo, en la medida en que su situación local y otras circunstancias lo admitan. Pero como no es factible que todos los miembros individuales se asocien y se unan, las iglesias deben elegir y delegar respectivamente a algunos de los más capaces, piadosos y juiciosos de entre ellos, y particularmente a sus ministros, para reunirse en esos momentos y en los lugares que se consideren más propicios para el gran fin propuesto y para actuar como sus representantes en la asamblea general. Los gastos de los enviados deben ser sufragados por las iglesias que los envían.

Parece aconsejable que estos delegados, en su primera reunión, formen un acuerdo formal entre ellos, como representantes de las iglesias, para promover la causa de Cristo en general y para el interés

Un Sumario de la Disciplina en la Iglesia

de las iglesias que representan en particular. Luego, deben configurar su plan de operaciones y fijar el momento y lugar más adecuados para reunirse en el futuro. Al menos una vez al año, deben reunirse en el lugar más central y conveniente para que asistan todas las iglesias de la confederación.

Aunque tal conjunción de iglesias no está expresamente ordenada en las Escrituras, aun así, recibe suficiente respaldo y autoridad de la luz de la naturaleza y las leyes generales de la sociedad, pero más especialmente de un precedente establecido por la autoridad apostólica (Hechos 15). La asociación así formada es un cuerpo respetable, ya que representa no una ciudad, país o nación, sino las iglesias de Jesucristo. Sin embargo, de ninguna manera debe considerarse una judicatura superior con poder coercitivo o autoridad sobre las iglesias; presume no imponer sus sentimientos sobre sus constituyentes, bajo pena de excomunión; tampoco anatematiza a quienes no se someten implícitamente a sus determinaciones, que serían nada menos que tiranía espiritual y se comportarían mejor con el espíritu arbitrario de los concilios que con la mansedumbre que distingue a los verdaderos discípulos y humildes seguidores del humilde pero adorable Jesús. Los apóstoles, los ancianos y los hermanos que formaron el primer concilio cristiano supuestamente no impusieron sus conclusiones a las iglesias de una manera tan señorial, sino que precedieron sus determinaciones con este modesto prólogo: *"Nos pareció bien al Espíritu Santo y a nosotros no imponerles a ustedes ninguna carga aparte de los siguientes requisitos"* (Hechos 15.28). Una Asociación Bautista, por lo tanto, no tiene un título más alto que el de un Consejo Asesor, consistente con tal epíteto, siempre debe actuar, cuando actúa, sin interferir en los derechos de las iglesias congregacionales independientes o la usurpación de la autoridad sobre ellos (Mateo 23.10-12).

SUMARIO DE "DOCTRINA CRISTIANA ORTODOXA"

Sin embargo, la asociación tiene un derecho natural e inalienable a juzgar por sí misma qué iglesias deben ser admitidas en la confederación, y retirarse de todos los actos de comunión y compañerismo con cualquier iglesia, por lo tanto, siempre y cuando dicha iglesia persista obstinadamente en mantener principios corruptos, o que son indulgentes en prácticas viciosas, a pesar de todos los esfuerzos apropiados que se hayan hecho como reclamo contra tales prácticas (Efesios 5.7; Apocalipsis 18.4). En general, se acuerda que una asociación al realizar secciones de negocios, debe proceder de la siguiente manera: (1) siempre debe comenzar y terminar cada sesión en oración; (2) no admitir a ninguno como mensajero, sino a los que vienen recomendados por cartas, bien autenticadas, de las iglesias a las que pertenecen o de dónde vienen; (3) cuando una iglesia solicita admisión, por carta, el moderador debe informar a los mensajeros que su solicitud ha sido concedida y desear que tomen sus asientos; (4) todos los que tengan algo que ofrecer deben levantarse y dirigirse al moderador; (5) mientras uno está hablando, el resto debe permanecer en silencio, pero todos tienen el mismo derecho de hablar por turno; (6) no se debe mostrar parcialidad ni inclinación hacia las personas; (7) todo asunto debe ser examinado con el debido peso, con modestia y con un sincero apego a la verdad; (8) cuando no todos están de acuerdo, el asunto puede ser sometido a votación, y la mayoría determina; (9) todas las consultas enviadas regularmente por las iglesias deben ser respondidas, si es posible; (10) cualquier asunto propuesto, relacionado con el bien general de las iglesias, debe ser atendido seriamente; (11) cada transacción debe ser conforme a la voluntad revelada de Dios; (12) y se debe escribir una carta circular y enviarla a todas las iglesias de la confederación que contengan las instrucciones, la información y los consejos que se consideren más adecuados; junto a la cual deben también enviarse las transacciones de la asociación.

Un Sumario de la Disciplina en la Iglesia

Los beneficios que se derivan de una asociación y comunión de iglesias son muchos; en general, tenderá a mantener la verdad, el orden y la disciplina del evangelio. Por ello: (1) las iglesias deben ser aclaradas de las dudas que surjan entre ellas, lo que evitará las disputas (Hechos 15.28, 29); (2) deben ser provistas con consejos saludables (Proverbios 11.14); (3) aquellas iglesias que no tienen ministros pueden ser ocasionalmente suplidas de tal vacío (Cantares 8.8); (4) las iglesias se unirán más estrechamente en la promoción de la causa y el interés de Cristo; (5) un miembro que está agravado por la parcialidad o por cualquier otro error recibido de la iglesia puede tener la oportunidad de solicitar una correcta directriz; (6) se aconsejará un ministerio piadoso y saludable, puesto que un ministerio que no sea saludable debe ser descontinuado; (7) habrá una comunicación recíproca de sus dones (Filipenses 4.15); (8) Los ministros pueden ser enviados alternativamente a predicar el evangelio a los indigentes (Gálatas 2.9); (9) una gran parte puede retirarse de la iglesia por medio de un ministro intruso, u otras formas, y el agraviado puede no tener manera de obtener reparación sino de la asociación; (10) pueden surgir disputas entre iglesias hermanas, que es más probable que la asociación elimine; (11) y las iglesias pueden tener candidatos para el ministerio debidamente juzgados por la asociación.

Estas y otras ventajas que surgen de una asociación deben inducir a cada iglesia piadosa a desear una unión con tal cuerpo. Pero si alguien se opone, argumentaría mucha autosuficiencia (Apocalipsis 3.17), y poco o ningún deseo después de la unidad del Espíritu (Efesios 4.3), o edificación mutua (1 Corintios 12.11-14).

FIN

EL EXTRACTO DE LOS PRINCIPIOS (*THE ABSTRACT OF RPINCIPLES*)[79]

Los artículos a continuación fueron originalmente confeccionados en 1858. Fueron así adoptados como el acta de fe constituyente del *Southern Baptist Theological Seminary (SBTS)*, el seminario más antiguo de la *Southern Baptist Convention (SBC)*, fundado en 1859.[80] Cada profesor debía firmar este documento.

El **Extracto de los Principios** fue eventualmente adoptado por todos los seminarios y academias ligados a la Convención Bautista del Sur de los Estados Unidos, e incluso, por varias instituciones educativas bautistas convencionales y privadas, como el *Southern Baptist School for Biblical Studies (SBS)*, p. ej.

I. LA ESCRITURA

Las Escrituras del Antiguo y el Nuevo Testamento fueron inspiradas por Dios y son la única regla suficiente, cierta (inerrante) y autoritaria de todos los conocimientos, la fe, la obediencia y el comportamiento que se conforma a la salvación.

II. DIOS

Solo hay un Dios, el Creador, el Preservador y el Soberano de todas las cosas, teniendo en sí mismo todas las perfecciones y siendo infinitas en todas ellas; y a Él todas las criaturas deben el más alto amor, reverencia y obediencia.

---

[79] Una traducción libre del escritor de este libro. Consulte: https://founders.org/
[80] El SBTS fue originalmente organizado en Greenville, en el estado de Carolina del Sur. Luego, por razones estratégicas y convenientes, fue trasladado a Louisville, ciudad del estado de Kentucky, donde todavía opera hoy, y es uno de los seminarios más grandes y ortodoxos del mundo evangélico hoy.

SUMARIO DE "DOCTRINA CRISTIANA ORTODOXA"

III. LA TRINIDAD

Dios se nos revela como Padre, Hijo y Espíritu Santo, cada uno con atributos personales distintos, pero sin división en su naturaleza, esencia o el ser.

IV. LA PROVIDENCIA

Dios desde la eternidad decreta o permite todas las cosas que suceden y perpetuamente sostiene, dirige y gobierna a todas las criaturas y todos los eventos; sin embargo, lo hace sin ser en lo absoluto autor o aprobador del pecado ni destruir la voluntad y la responsabilidad de las criaturas inteligentes.

V. LA ELECCIÓN

La elección es la escogencia eterna de Dios de algunas personas para la vida eterna, no por el mérito previsto en ellos, sino por su mera misericordia en Cristo; como resultado de esa elección se nos llama, justifica y glorifica.

VI. LA CAÍDA DEL HOMBRE

Dios creó originalmente al hombre a su propia imagen y libre del pecado; pero a través de la tentación de Satanás, él transgredió el mandato de Dios y cayó de su estado original de santidad y rectitud; por lo que su posteridad heredó una naturaleza corrupta y totalmente opuesta a Dios y su ley, están bajo condenación y, tan pronto como son capaces de actuar moralmente, se convierten en transgresores activos.

VII. EL MEDIADOR

Jesucristo, el unigénito Hijo de Dios, es el mediador divinamente designado entre Dios y el hombre. Habiendo tomado sobre sí la naturaleza humana, pero sin pecado, cumplió perfectamente la ley, sufrió y murió en la cruz para la salvación de los pecadores. Fue enterrado y resucitó al tercer día y ascendió a Su Padre, a cuya diestra vive para interceder por su pueblo. Él es el único Mediador, el Profeta, Sacerdote y Rey de la Iglesia y Soberano del universo.

VIII. LA REGENERACIÓN

La regeneración es un cambio de corazón, forjado por el Espíritu Santo, que aviva a los muertos en delitos y pecados, iluminando sus mentes de manera espiritual y salvadora para comprender la Palabra de Dios y renovar su naturaleza entera, para que amen y practiquen la santidad. Es una obra de la sola gracia libre y especial de Dios.

IX. EL ARREPENTIMIENTO

El arrepentimiento es una gracia evangélica, en la que el ser de una persona, por el Espíritu Santo, se sensibiliza de la multiforme maldad de su pecado, se humilla por ello, con dolor piadoso, detestando su maldad, con auto aborrecimiento, con un propósito y esfuerzo por caminar ante Dios de tal manera que Él sea complacido en todo.

X. LA FE

La fe salvadora es la creencia, en la autoridad de Dios, de todo lo que se revela en Su Palabra concerniente a Cristo; aceptando y descansando solo en Él para la justificación y la vida eterna. Es forjada en el corazón por el Espíritu Santo y es acompañada por todas las demás gracias salvadoras, conduciendo a una vida de santidad.

SUMARIO DE "DOCTRINA CRISTIANA ORTODOXA"

XI. LA JUSTIFICACIÓN

La justificación es la gracia de Dios que otorga completa absolución de todos sus pecados a los pecadores que creen en Cristo, a través de la satisfacción que Cristo ha obtenido; no por nada forjado en ellos o hecho por ellos; sino a causa de la obediencia y la satisfacción que Cristo obtuvo, la cual ellos reciben, descansando así en Él y en Su justicia por la fe.

XII. LA SANTIFICACIÓN

Aquellos que han sido regenerados también son santificados por la Palabra de Dios y el Espíritu que habita en ellos. Esta santificación es progresiva a través del suministro de la fuerza divina, que todos los santos buscan obtener, avanzando hacia la vida celestial en obediencia cordial a todos los mandamientos de Cristo.

XIII. LA PERSEVERANCIA DE LOS SANTOS

Aquellos a quienes Dios ha aceptado en el Amado y santificado por Su Espíritu nunca se apartarán total o definitivamente del estado de gracia, sino que ciertamente perseverarán hasta el final; y aunque pueden caer, a través del abandono y la tentación, en el pecado, mediante el cual entristecen al Espíritu, perjudican sus gracias y comodidades, traen reproche a la Iglesia y juicios temporales sobre ellos mismos; sin embargo, serán renovados nuevamente para arrepentimiento y serán guardados por el poder de Dios por la fe para la salvación.

XIV. LA IGLESIA

El Señor Jesús es la Cabeza de la Iglesia, la cual está compuesta por todos Sus verdaderos discípulos, y en Él se inviste supremamente todo el poder para su gobierno. De acuerdo con su mandamiento, los cristianos deben asociarse a sociedades particulares o iglesias, y a cada una de estas iglesias Él ha dado la autoridad necesaria para administrar ese orden, disciplina y adoración que él ha designado. Los oficiales regulares de una Iglesia son obispos o ancianos y diáconos.

XV. EL BAUTISMO

El bautismo es una ordenanza del Señor Jesús, obligatoria para todo creyente, en la que éste es inmerso en agua en el nombre del Padre y del Hijo y del Espíritu Santo, como símbolo de su unión con Cristo en su muerte y resurrección, y símbolo de la remisión de los pecados y de la entrega a Dios para vivir y caminar como es digno de la nueva vida. Es un requisito previo para la comunión de la iglesia y para la participación en la Cena del Señor.

XVI. LA CENA DEL SEÑOR

La Cena del Señor es una ordenanza de Jesucristo, que debe administrarse con los elementos del pan y el vino y ser observada por sus iglesias hasta el fin del mundo. No es en ningún sentido un sacrificio, pero está diseñado para conmemorar su muerte, para confirmar la fe y otras gracias de los cristianos y para ser un vínculo, compromiso y renovación de la comunión de los creyentes con Dios y de la comunión de su iglesia.

XVII. EL DÍA DEL SEÑOR

El Día del Señor es una institución cristiana para la observancia regular y debe emplearse en ejercicios de adoración y devoción espiritual, tanto públicos como privados, descansando de los empleos mundanos y las diversiones; solo están exceptuadas las obras de misericordia en favor de los necesitados.

SUMARIO DE "DOCTRINA CRISTIANA ORTODOXA"

XVIII. LA LIBERTAD DE CONCIENCIA

Solo Dios es el Señor de la conciencia; y la ha dejado libre de las doctrinas y mandamientos de los hombres, que están en cualquier cosa contraria a Su Palabra o no contenida en ella. Por tanto, a los magistrados civiles, que son ordenados por Dios, les debemos sometimiento en el Señor a todas las cosas lícitas ordenadas por ellos, no solo por la ira, sino también por la conciencia.

XIX. LA RESURRECIÓN

Los cuerpos de los hombres después de la muerte vuelven al polvo, pero sus espíritus vuelven inmediatamente a Dios, los justos a descansar con Él; los malvados, para ser reservados bajo las tinieblas para el juicio. En el último día, se levantarán los cuerpos de todos los muertos, justos (en la primera resurrección) e injustos (después de la resurrección de los justos).

XX. EL JUICIO

Dios ha designado un día en el cual Él juzgará al mundo por medio de Jesucristo, cuando todos recibirán según sus obras: los inicuos irán al castigo eterno; los justos, a la vida eterna.

LAS CONFESIONES BAUTISTAS MÁS SOBRESALIENTES

Aparte de algunos esfuerzos confesionarios anabautistas del Siglo XVI (presentaremos más delante la de Schletheim de 1517); tanto el origen como las confesiones bautistas más antiguas se remontan al siglo XVI. Al principio se trató de esfuerzos personales como:

— La Confesión de **John Smith**, de corte Menonita, redactada en 1611 (en Holanda).
— La Primera confesión Bautista General, redactada por **Thomas Welwys** en 1616.

A partir de entonces encontraremos varios documentos que han servido de modelo para el resto de las confesiones bautistas universales.

NOMBRE	EDICIÓN	CARÁCTER	RESPONSABLE
1ra. Confesión Bautista de Londres	1644 (Revisada en 1646)	Especifica que los Bautistas no son Anabautistas. Primera confesión que refiere el bautismo de creyentes por inmersión.	**John Spurberry** (y siete iglesias bautistas).
Consefión de Mitnan	1650/51	Bautista General	
Confesión de *Thirty Congregtions*	1651	Bautista General	
Confesión Estándar	1660	Bautista General	**Thomas Grantham**
Credo Ortodoxo	1678	2da. Conf. Bautista. Mediática entre Calvinismo y Arminianismo.	**Thomas Marck**
Artículos de la Religión de la *New Connection*	1770 (Aprox.)	Arminiana. Expiación universal.	Dan Taylor

SUMARIO DE "DOCTRINA CRISTIANA ORTODOXA"

2da. Confesión de Londres	1677 (publicada en 1689)	Una copia de la Confesión de Westminster, con la excepción eclesiológica y la inserción del bautismo de creyentes, rechazando el de infantes.	**Coh** y **Calling** (la original 1677); **Kiffin, Keach** & otros (la revisión y publicación de 1689).
Confesión de Filadelfia	1742	Una copia de la 2da. De Londres de 1677 con dos artículos añadidos.	Esfuerzo asociacional
Confesión de *New Hampshire*	1833	Un documento que congregaba Generales, Separatistas y Calvinistas. Moderadamente Calvinista.	Esfuerzo asociacional
The Abstract of Principles (El Extracto de los Principios)	1859	Moderadamente Calvinista.	Esfuerzo Convencional con fines de ser de base al SBTS. Se ha convertido en la base de las academias de la SBC.
Fe y Mensaje Bautista	1925 (revisada y enmendada en 1963, 1998 y 2000)	La de 1925 es una copia de la *New Hampshire*, con la adición de ocho artículos.	Asamblea de la *Southern Baptist Convention* de EE.UU.

Datos tomados de: Anderson, Garrett y Finn.

Hay otras confesiones, mayormente de grupos bautistas más pequeños como los *Freewill* (Libre Albedrío)[81], etc. Entre otras muchas confesiones podemos mencionar:

— La Fe y Práctica de *Thirty Congregations* (1651)
— La Declaración *True Gospel-Faith According to the Scriptures* (1654)
— La Confesión de Fe *Somerset* (1656)

---

[81] Los *Freewill* produjeron "Un Tratado sobre la Fe y la Práctica de los Bautistas Libres" en 1834, el cual se ha modificado eventualmente. Existe, p. ej., la revisión de 1935.

Las Confesiones Bautistas más Sobresalientes

— Confesión de Fe de *Midland*[82] (1655)
— Una Confesión Corta o Breve Narrativa de Fe (1691)
— La Confesión de *Coalheaver* (1788)
— La Declaración de Fe de *Carter Lane* (1767)
— La Confesión de *Sandy Creek* (1758)
— Declaración de Fe de *Goatyard* (1792)

Nunca ha sido posible producir un consenso confesionario Bautista universalmente aceptada. Los Bautistas del Norte de los Estados Unidos tendieron a rechazar los credos desde el siglo XIX. Los Campbellistas terminaron separándose del calificativo bautista. Estos no solo rechazaron el confesionalismo, sino que rayaron la heterodoxia, especialmente en lo concerniente a la regeneración bautismal que adoptaron.

Los bautistas del Norte de los Estados Unidos, igual que los bautistas europeos, entre otros, son signatarios de la Alianza Bautista Mundial, y desde la segunda mitad el siglo XX, signatarios del Concilio Mundial de Iglesias (CMI), una entidad ecuménica.

La Convención Bautista del Sur de los Estados Unidos, y las convenciones mundiales a fines, se han reusado a ser ecuménicos hasta hoy. Por tanto, no son signatarios del Concilio Mundial de Iglesias. El concepto asociaciones que impera en estas entidades, contrario a los modelos episcopales y semi-episcopales dificultan las posibilidades de ser signatarios institucionales.

Por otra parte, las iglesias bautistas independientes (que no forman asociaciones ni convenciones), como suele caracterizar a una cantidad considerable de iglesias bautistas alrededor del mundo, por definición no pueden pertenecer o ser signatarios de entidades como el CMI o la ABM, por ejemplo.

---

[82] Http://www.apuritansmind.com/creeds-and-confessions/1655-midland-confession-of-faith/

SUMARIO DE "DOCTRINA CRISTIANA ORTODOXA"

En esencia los bautistas más ortodoxos y fundamentalistas suelen ser anti-ecuménicos por principios y concepciones eclesiológicas. Muchas convenciones bautistas de diversos países y regiones suelen ser fundamentalistas.

OTROS DOCUMENTOS RECOMENDADOS

1. La Disciplina Correctiva de la Iglesia (Patrick Hues Mell).[83]
2. Confesión Bautista de Fe de Londres de 1644, 1677 y 1689.[84]
3. Confesión de Fe de Westminster.[85]
4. Segunda Confesión Helvética.
5. Confesión de fe de los Waldenses (Siglo XII).
6. Fe y Mensaje Bautista 2000.[86]
7. New Hampshire Baptist Confession of Faith de 1833[87] (Confesión Bautista de Fe de New Hampshire).
8. Las 9 marcas de una iglesia saludable (9 Marks Ministries). La mayorá de los materiales de 9 Marcas[88] es excelente para un discipulado integral y sano de la iglesia. Están disponibles en español. Muchos de ellos gratuitos en formato digital.

---

[83] Ver documento en: www.reformerreaders.org/rbb/mell/correctivechurchdiscipline/toc.htm

[84] Descargar documento en: https://www.chapellibrary.org/ (confesión bautista de fe de Londres de 1689)

[85] Si posible, el Libro de Confesiones de la Iglesia Presbiteriana de USA.

[86] Descargar documento en: http://www.sbc.net/bfm2000/bfm2000.asp

[87] Descárguelo en: http://baptiststudiesonline.com/wp-content/uploads/2007/02/the-new-hampshire-confession-of-faith.pdf

[88] Sitio web: http://es.9marks.org/

REFERENCIA BIBLIOGRÁFICA CITADA

- Anderson, Justo. Historias de los Bautistas. Tomo I. (4ta edición 1999). © 1978. CBP.
- Berkhof, Louis. Historia de las Doctrinas. © 1994. El Estandarte de la Verdad.
- Carballosa, E. L. La Deidad de Cristo. © 1982. Ed. PortaVoz.
- De la Cruz, Juan C. La Fe de los Bautistas. © 2013. Iglesia Bautista Nueva Jerusalén.
- De la Cruz, Juan C. (y otros). Las Cinco Solas de la Reforma. © 2017. Juan C. de la Cruz.
- Garrett, J. L. Teología Sistemática, Tomos I y II. © 1986. CBP.
- Garrett, J. L. The Collect Writing of James Leo Garrett Jr. (1950-2015). Volume 1. Baptists Part 1. Edited by: Wyman L. Richardson.
- Grudem, Wayne. Doctrina Cristiana. © 2005. Editorial Vida.
- Fe y Mensaje Bautista 2000. © 2000. LifeWay.
- Hobs, Herschel H. *What Baptist Believe*. © 1964. Broadman Press.

- Lacueva, Francisco. Doctrina de la Gracia. © 1975. Ed. Clie. Curso de Formación Teológica Evangélica, Tomo V.

- Libro de Confesiones (Confesión Escocesa, Confesión de Westminster, Confesión Helvética, Catecismos Menor y Mayor de Westminster). © 1995.

- Lockward, Alfonso. Intolerancia y Libertad de Culto en Santo Domingo. © 1993. Dist. y Ed. DELE.

- Los Cánones de Dort (o reglas de Doctrinas de Dordretch). © FeLiRe. 3ra Edición, 1996.

- *Lutheran Catechism.* © 1943. Concordia Publishing House.

- MacBeth, Leo. *Baptist Heritage.* © 1987. Broadman Press.

- Moya Pons, Frank. Manual de Historia Dominicana. 5ta Edición. © UCMM.

- Packer, James I. Teología Concisa. © UNILIT. Primera Ed. 1998.

- Primera Confesión Bautista de Fe de Londres (de 1644).

- Segunda Confesión Bautista de Fe de Londres (1677/1689).

Made in the USA
Las Vegas, NV
18 June 2021